BELEAGUERED IN PEKING

亲历中国丛书

主编：李国庆　郭又陵

庚子北京被圍記

QINLI ZHONGGUO CONGSHU

（美）满乐道（Robert Coltman）◎著

严向东◎译　李国庆◎审校

國家圖書館出版社

图书在版编目（CIP）数据

庚子北京被围记 /（美）满乐道著；严向东译；李国庆审校 . —北京：国家图书馆出版社，2020.6
（亲历中国丛书）
ISBN 978-7-5013-6697-2

Ⅰ . ①庚… Ⅱ . ①满…②严…③李… Ⅲ . ①义和团运动—史料 Ⅳ . ① K256.706

中国版本图书馆 CIP 数据核字（2019）第 067096 号

书　　名 庚子北京被围记
著　　者 （美）满乐道 著 严向东 译 李国庆 审校
责任编辑 王 雷
封面设计 李尘工作室

出版发行 国家图书馆出版社（北京市西城区文津街 7 号 100034）
（原书目文献出版社 北京图书馆出版社）
010-66114536 63802249 nlcpress@nlc.cn（邮购）
网　　址 http://www.nlcpress.com
排　　版 北京文雨信来科技发展中心
印　　装 河北三河弘翰印务有限公司
版次印次 2020 年 6 月第 1 版 2020 年 6 月第 1 次印刷

开　　本 880×1230（毫米） 1/32
印　　张 5.25
字　　数 100 千字
印　　数 1—2000 册

书　　号 ISBN 978-7-5013-6697-2
定　　价 28.00 元

出版说明

本书是我社《亲历中国丛书》中的一种。

《亲历中国丛书》收入清末民国来华外国人的亲历纪实性著作，包括探险游历记、笔记、考察报告、出使报告、书简、日记、回忆录等。其出版肇始于2004年，迄今为止共计出版21种21册。其中包括：《我的北京花园》（2004年），《窥视紫禁城》（2004年），《帝国丽影》（2005年），《港督话神州（外一种）》（2006年），《穿过鸦片的硝烟》（2006年），《五口通商城市游记》（2007年），《我看乾隆盛世》（2007年），《北京与北京人（1861）》（2008年），《玄华夏：英人游历中国记》（2009年），《清末驻京英使信札（1865—1866）》（2010年），《西山落日：一名美国工程师在晚清帝国勘测铁路见闻录》（2011年），《文明的交锋：一个“洋鬼子”的八国联军侵华实录》（2011年），《一个传教士眼中的晚清社会》（2012年），《走向没落的“天朝”：德国人看大清》（2013年），《古老的农夫　不朽的智慧》（2013年），《汉人：中国人的生活和我们的传教故事》（2013年），《中国和八国联军》（全二册，2014年），《清末商业及国情考察记》（2014年），《黄色的神祇　黄色的人民》（2015年），《中国家庭中的儿童生活》（2015年）。其中2004—

2010年出版的11种10册封面设计风格一致，2011年起设计风格做了较大调整，更加凸显了这套丛书的史料性。

揭示文献，服务学界，是我社的一贯宗旨。我们相信，通过这套丛书编译人员的共同努力，一定会把选题新、译文好的译作源源不断地奉献给读者。我们希望，这套丛书的出版，能够为国人提供审视中国近代历史的另一视角，为学界提供更为丰富的第一手历史资料。

国家图书馆出版社

2019年4月

翻译说明

本书英文全名是*Beleaguered in Peking*：*the Boxer's War against the Foreigner*。封面另外有中英文书名各一：*The Yellow Crime*，朝廷之罪。署中文"光绪贰拾陆年捌月初拾日"。作者满乐道（Robert Coltman，1862—1931），生于美国华盛顿一个神父之家，1881年在费城的杰佛逊医学院获医学博士学位，1885年受美国北长老会委派来华传教施医，做过大清海关和铁道部的医师，1896年在北京担任同文馆生理教习，1898年兼任京师大学堂外科和生理教习。在1900年义和团运动中，他也和大学堂的其他西教习一样，被围困于枪林弹雨的英国公使馆之中。他异想天开地起草了一份呼吁西方前来解救被围使馆的新闻稿，雇一名中国教徒混出围城，在天津发出了这份紧急求救电报。据《美国名人录，1961—1968》，他是第一个从中国发出在京外国人被围攻消息的人。消息发表在1900年8月1日的《芝加哥记事报》上，他因此名扬英美，后来被《芝加哥记事报》聘为驻京记者。"庚子事变"结束，没有了京师大学堂的教职，满乐道担任过纽约美孚石油公司驻北京的经理。除了本书外，满乐道还著有《中国人的现在和未来：医药、政治和社会》（*The Chinese*，*Their Present and Future: Medical*，*Political and Social*，1891年1版）。

这本书大部分是他被困在使馆期间的日记，一部分是同时被困的他16岁儿子的日记，以及他对事件的观察和思考。因为是亲历者的记录，又配有大量照片，本书成为研究“庚子事变”的一份珍贵史料。我们将其译出，供学界参考，以促进中国近代史的研究。

对一般读者来说，我们不得不指出，本书作者对中国和中国人民抱有良好的愿望，对帝国主义的侵略行径有一定的批判，比如他说：“在中国居住多年后，我得出了这样的结论，在中国人反对的情况下，各国列强把传播基督教作为条约权力强加给中国人的做法是错误的。”但他毕竟是一个外国人，立场不同，对义和团运动持有错误的看法是必然的。“义和团运动，是发生在19世纪、20世纪之交，以北方农民为主体的自发的反帝爱国运动。它震动了当时的中国和世界，体现了我国人民不屈服于帝国主义的民族反抗精神。义和团运动是近代中国人民反帝革命斗争的重要组成部分。”（《人民日报》2003年8月1日）周恩来总理于1955年12月《在北京各界欢迎德意志民主共和国政府代表团大会上的讲话》中说：“一百多年以来，中国人民受尽了帝国主义国家的侵略、压迫、掠夺和屠杀。中国人民在这个时期里，不断地为争取自己祖国的自由和独立，英勇地进行了反对帝国主义侵略和封建主义压迫的斗争。一九〇〇年的义和团运动正是中国人民顽强地反抗帝国主义侵略的表现。他们的英勇斗争是五十年后中国人民伟大胜利的奠基石之一。”所以我们在利用此书提供的资料时要有独立的思考。

李国庆

2019年12月1日

前　言

在以下的章节里，我已经尽力准确和全面描述围困北京之事和由它引起的义和团运动。

使团的外交代表为这些描述提供了权威的细节，他们的工作也尽可能详细地在这些事件中被特别描述。很遗憾其他曾经允诺向我提供他们工作细节的人爽约了。

义和团围困北堂和围困北京外交使团恰好同时，但之所以我们没有描述围困北堂是因为我们被隔绝了60天，对外面的事情一无所知。我不得不省略了不少会引起读者感兴趣的材料，以避免本书过于冗长。

我无意宣称此书为文学作品，目的是用最清楚的方式讲述事实。插图都是实景拍摄的照片，这些资料经过仔细研究，其权威性得到证明，也增添了本书的信息量。

我16岁的儿子给我很大帮助，他是围困时期肩扛来福枪的最年轻的战士，帮助我记日记和抄写材料。本书的很大部分是我们坐在英国使馆学生图书馆里，听着呼啸的子弹完成的。

有几位朋友表现优异，他们应该得到所有国家的奖章。尽管相关的国家和公使们会忽略他们，他们的名字还是会留在我们的回忆录中。他们是贾腓力[①]、沙孟[②]、芝上校（Colonel Shiba）和斯快尔[③]。

医学博士　满乐道　美国美以美教会
1900年9月10日于中国北京

① 译者注：贾腓力（F.A.Gamewel，1857—1950），美国美以美会教士。1889—1900年任北京汇文大学堂理化教授。

② 译者注：沙孟（August Chamot，1867—1910），瑞士人。19世纪末来华开设北京饭店。义和团运动中，亲赴长辛店将京汉铁路欧籍人员接回北京，得到欧洲各国好评。一名舒玛特。

③ 译者注：斯快尔（Herbert G.Squiers，1859—1911），美国外交官。北京围困中任参谋长，英国公使窦纳乐任司令官。

目　录

插图目录

第一章

卢沟桥风波——被内勒高上尉打伤的人——满乐道博士陪同作为特派员的胡府尹调查——董福祥[①]军队的将军们表达的排外情绪——与端郡王讨价还价

身着汉服的作者

1898年秋天，10月份，中国著名的戊戌政变之后不久发生的一个事件也许会对此后的历史造成影响，或者，这只是慈禧太后和她邪恶的军师们准备的一颗地雷提前爆炸，打算在以后的日子里撼动文明世界。我指的是发生在卢沟桥——欧美人士称为马可·波罗桥的风波，这座桥曾因那位早期的旅行者详细描述而得名。选定这个地点实在令人好奇，它是汉口到北京的铁路北端的终点。卢沟桥距离北京以西10

① 译者注：原文为Tung Fu's Army。根据下文描述，推测作者遗漏了Hsiang。

英里，所以这条路也叫作卢汉铁路。

俄、法、英三国的外交官争夺汉口到北京这条铁路建设的特许权和资助权的过程十分有趣，可以写成一本书；但不知为什么最后是比利时人代表俄罗斯人或法国人夺得这条中国最大铁路干线的建设的特许权和资助权。

为连接卢汉铁路和已经建好的京津铁路，修建了一条从北京南第二站丰台站到原先的石制卢沟桥西数百码、跨越泥河铁桥的短小的铁路。这条铁路只有3英里长，属于京津铁路的一部分。

通往“紫禁城”的大理石桥

这座美丽的桥可与任何城市里的桥梁媲美。将近一千年前[①]，伟大的意大利旅行家马可·波罗描述了同样的桥梁，与西方相比，中华文明是多么的悠久。

① 译者注：马可·波罗（1254—1324），生活年代距今700余年。

前面是开场白，下面就让我来讲讲我亲历的事件，因为是亲身经历，所以可以详细而准确地描述。

10月23日上午，一名可怜的苦力被天津开来的快车撞伤，我被叫到丰台为他做截肢手术；手术后，我参加了京津铁路北京段驻地工程师考克斯的家庭午餐会。参加午餐会的还有正在中国度学习假的印度军队的拉德克利夫少校和英国使馆的翻译坎贝尔。

席间，考克斯先生提到刚刚建好的铁桥，邀请大家饭后乘车去参观。但我因为下午4点在城里有工作安排而无法参加。

次日早晨，我收到以下电报，应该是昨晚发送的，但由于城门关闭，无法送达：

北京，满乐道：速来丰台。考克斯和内勒高在卢沟桥风波中重伤。诺尔斯

我立刻坐车到京津铁路北京终点站马家堡，给丰台发电报，要他们派火车来接我。

一小时后我到了丰台，直奔考克斯先生住处，发现驻地工程师和铁桥的建设者考克斯先生和内勒高上尉头上缠着绷带，显得不太体面。前一天，我的助手，丰台铁路医院一名本地的医科学生为他们做了包扎。我一边打开包扎，一边听他们讲述风波的情况。

考克斯先生说，他和他的两名客人午饭后乘电车前往内勒高上尉靠近铁桥的住处，然后和他一起步行前往丰台。在铁桥的东端，大约50多名甘军士兵看到外国人过来，就用挑衅性的词语冲他们喊叫：“洋鬼子！”“洋鬼子！”

坎贝尔先生中文流利，向他们发出警告，要他们让开以

便通过；但他们顽固地挡住去路，并警告外国人离开。

正在这时，一个下级军官路过。坎贝尔先生请他帮忙劝说那些士兵放他们过去视察铁路。这个军官说，这些人不是他的部队的，他没有权力指挥他们。但坎贝尔先生了解中国国情，立刻指出，他们会认为，不管他是不是领导，他要对任何麻烦事情全权负责。

这时，这个军官命令那些人为外国人打开通道，那些士兵立刻照办，四个外国人通过。这个军官在他们通过后自己就离开了。他们在桥的另一端停留了 15 分钟后返回。

当他们再次接近桥的东端时，看到那些暴徒还在等待他们，手里拿着石块。当他们靠近时，遭到攻击，被很多石块砸中。他们勇敢地冲向暴徒，考克斯先生伤得很重，却能识别出砸他的人，他追进人群三拳两脚把那个人打倒。考克斯身材魁梧，所以那个人被打得很惨。

考克斯与他的同伴距离大约 30 英尺，这些暴徒转向围攻他，在他顽强抵抗后，把他打倒在地。

这时候，内勒高上尉被石头砸中上额，顿时血流如注。他并不知道自己的伤情有多危险，而且相信考克斯先生处境危险，内勒高拔出左轮手枪射向暴徒。此举很见效，他们丢下考克斯先生像羊群一样跑回半英里外的营地。

同伴用手绢包扎了考克斯先生的头并扶他起身，他们一起匆匆回到内勒高的住处，带上内勒高的夫人和 8 岁的儿子一起返回丰台。

考克斯先生随后发电报命令卢汉铁路的工程师离开岗位，和他一起回到天津等待中国官员对风波的处理，并等待从西南[1]赶来的政府军队给外国人一个定心丸。

为两位伤者包扎好伤口后，伤者乘车回到天津，笔者回到北京。

风波过去一两天，我收到顺天府府尹[2]胡燏棻的通知，要我立刻赶到六国饭店。我发现这位老先生和20来个侍从在等我。他说，他被慈禧太后任命为钦差，将去卢沟桥勘查两天前风波的环境，详细了解士兵长官所报告的、被内勒高野蛮射伤、生命垂危的士兵情况。他要求我陪同前往，作为专家检查伤情，以便他向太后公正报告。

我坦陈并不愿意进入有名的、排外情绪浓厚的甘军兵营，但我对胡府尹有义务，所以想服从；此外，对一个通讯员来说，这种冒险有些愉悦。我倾向于带枪，尽管我知道在一个充满敌意、咄咄逼人的军营里，用一把左轮手枪防身作用不大，但是如果胡府尹扣留我，我想我可以用手枪顶住他的脑袋把他当作人质以保护自己，相信这个举动会让这位太后钦差手下的将军们感到害怕。结果证明，这个事前很长时间的想法是多么的错误。

于是，我提出要回趟家，去取点东西，也告诉我太太我要出趟城，不然的话，如果天黑前我不能赶回去，她会十分担心。

胡府尹回答说，这大可不必，我需要的东西丰台铁路医院都有，而且他会派人给我太太送信。我坚持说，我必须回

① 译者注：原文如此，但所指不详。如果作者指的是下文中提到的、正在向北京进发的董福祥甘军部队，此处应该是西北。

② 译者注：顺天府府尹相当于今北京市市长。

靠近城墙的北京主干道

这张图片展示了北京的主要街道——“商业街”，从英国人的角度来说，是“河岸”。尽管主要街道比乡村的道路好不了多少，露天空场上的买卖仍红红火火，招牌和幌子随处可见。街道上有污水坑，这是中国城市的典型特征。

趟家，而且半小时后就会回来。他于是订餐，叫我尽快赶回来和他一起在饭店吃饭，然后我们一块去马家堡，那里有辆专车在等待我们。

我赶回家，取了把史密斯·维森六连发手枪，和胡府尹一起吃了丰盛的午餐，乘专车前往马家堡，再乘火车前往卢沟桥车站。

我们下车时，受到一位小军官和20名甘军士兵的迎接，他们陪伴我们进入两天前发生风波的铁路桥入口处。

在这里，胡府尹命人把警卫叫来，他要盘问他们关于考克斯和内勒高所描述的事件。两个警卫的描述与两个外国人的描述十分相似，每个细节都一样，他们把责任都推给甘军士兵。

我对这两个可怜的警卫勇敢作证感到惊讶，其中一位事后被他们所指证的士兵杀害。

这时，胡府尹走进卢沟村的一家客栈，告诉那位小军官命令所有部门的军官们立刻过来集合，他要执行太后的命令进行调查。我们边喝茶边等。

15分钟后，张将军第一个到达。我们听到院子里一阵骚动，夹杂着低语声和马蹄声。知道有个大人物来了。一个士兵过来报告："甘军骑兵部队的张将军到了。"

胡府尹回答："有请。"我们面前立刻出现一个世界上少有的长相凶狠的人。他50多岁，身材高大，皮肤黝黑，胡子浓密而且发黑，大鼻子，眼睛小且深凹，表情狰狞；他身穿深蓝色缎子长袍，官帽上有顶珠和花翎，从后面用昂贵的玉石扣扣住。

他只把头微微歪向胡府尹，压根没理我，也不管中国的礼节，直奔小屋子里的主座。他坐姿僵硬，就像中国庙宇里的武士雕塑。胡府尹似乎被他傲慢的态度震住了，就让他一直坐在主座上。

胡府尹客气地正要询问他的年龄、官阶和来自哪个省份时，四个下属军官到达，他们分别姓曹、马、王和黄。

他们看到自己的将军坐在主座上，态度专横，于是得到一丝鼓励，在整个调查过程中也十分蛮横，根本没把胡府尹这个慈禧太后的钦差放在眼里。

胡府尹呷了几口茶后，客气而温和地告诉他们，自己是皇家铁路的总负责人、顺天府尹，等等，慈禧太后派他与将军和各位军官见面，调查最近发生的风波。

他还说，他很高兴来此，通过仔细勘察，确认士兵对待外国人的粗暴行为并没有征得军官们的同意，他们也根本不知情；只要在报告里稍加措辞，那么这些军官就会免责，各方都会满意，特别是没有出人命，也没有帝国财产受损。

张将军傲慢地回答说，胡府尹大可不必来此。庆亲王早上已经派来信差，通过信差，太后无疑已经对事件了如指掌，胡府尹可以返回，不必再劳神费事。

他傲慢的态度表明，他已经向庆亲王的心腹表明了自己对此案的态度，并赢得这位有影响的庆亲王对他的支持。他已不在意胡府尹之后如何报告了。

但是，胡府尹虽然十分平静和谦逊，但却十分坚定，在张将军说完后回应说：

"太后应该尽早得到禀报，这很好；我很高兴你已经向她禀报了。但既然我被正式任命负责调查，我不能无功而返。我希望来这里的任何军官都不要拒绝作证，并强迫我做出不尊重太后指令的报告。"

张将军紧咬嘴唇，使劲抓住胡子，一言不发。曹千总令人意外地接过话题。他激动地站起来，恶毒攻击把铁路引进中国。他指责铁路是外国人征服中国的工具，剥夺了成千上

靠近北京的宝塔

在北京城里和周边有很多巍峨的建筑，这座几百年前建成的美丽宝塔就是其中之一。这些建筑现在很多都消失了，大部分孤独地矗立在离开大城市几英里的地方。

万车夫、船夫、苦力们的工作，抬高了稻米和其他谷物的价格。铁路部门高薪雇佣外国人，这些人把钱带出中国；同时他们歧视和虐待所管理的中国人。曹千总宣称要废除铁路，声称把每个外国人赶进大海是每个忠实士兵的责任和帝国的要义。

胡府尹几次温和地试图打断他，告诉他，铁路是所有中国人的财产，外国雇员是太后的雇员。但曹千总没有给胡府尹发言的机会，这位老人不得已只好闭嘴，直到怒气冲冲的千总讲累了，像一只鼠海豚一样坐下。

我知道胡府尹很不情愿让我听完这通排外言论，他知道我完全能够听懂，我确信他后悔带一个精通汉语的外科医生来此调查。

这个经历对我来说是个意外。我曾经听说过，甘军的回教部队在董福祥将军领导下，在戊戌政变后立刻开进北京支持太后的排外政策，这些人狂热、无知，极度仇视外国人。但是他们也敢于侮辱太后，当面侮辱朝廷告示里指派的钦差，在一个外国人面前公开暴露了他们将军的企图。我几乎不相信这种作证。

胡府尹认识到与这些人争论或者安抚他们根本无济于事，他要立刻开始完成他此行尚未完成的目标，就是说，要检查士兵的伤势。

在曹千总说完后，胡府尹不再理会气咻咻的千总，转向张将军说：

“据报告，您的两个士兵被一个外国工程师打伤。我雇了一名医术精湛的外科医生，他医治了所有在铁路上受伤的人。我把他带来检查你的士兵。如果你允许，我确信他可以治好他们。”

他随后向他们介绍我的中文称谓为满大夫，他们绷着脸朝我坐的方向点了点头，算是欢迎我。张将军问胡府尹，他是否能为我提供翻译？

胡府尹回答说：“喔，他不需要翻译。他在中国生活了15年，儿子和女儿都在中国出生，中文像中国人一样熟练。”

听到这些，我邻座的王把总轻松了许多，告诉我他从未和外国人交谈过，很高兴和我认识。我说彼此彼此，并询问了他的年龄、籍贯和名字，这让他很高兴。

他说：“两名士兵在半英里外的营地。如果医生想去看看，完全可以。”

胡府尹问我：“你去吗？”

我说：“如果你和我一起去，我就去。”我不想独自进入充满敌意的军营，特别是已见识了他们长官的火爆脾气。但我补充道：“如果把他们送到这里，就更好。”

“是啊，那样更好些。”胡府尹说。但张将军打断他说：“这不可能！他们十分虚弱，不能挪地方。这么冷的天，他们会感冒、送命。”

胡府尹根本不在意张将军的话，坚持说：“把他们包裹好，马上送来。时间很晚了，虽然我下令给我们留着城门，但不想让他们把城门开得太晚。”

张将军穿过开着的门走到屋外。按照中国人的习惯，挤得像沙丁鱼一样的300名士兵一直在倾听我们的谈话。他对他们喊道：“把两个伤兵送过来！”

所有的人都听到了胡府尹的斥责、听到了曹千总对他和他管辖的铁路的辱骂，也听到张将军的伤兵到了室外会死的说法。他们于是照猫画虎，在接到张将军把伤兵送来的命令后，先叽叽喳喳议论一番，才做出抵触的反应。

随着外面骚动的声音越来越大，我观察到胡府尹的脸色变得苍白，也感到我们处在军官们的中间十分危险；此前我用威胁胡府尹生命来保全自己安全的设想现在证明是徒劳的，因为士兵们如果不是更恨我，也至少像恨我一样恨他。我可以清楚地判断，我必须更换人质，如果需要的话，把张将军作为我的人质。

这时，从士兵中冒出来一个声音，内容和将军的一模一样：

“不能把他们送过来，他们在露天里会冻死的。”

张将军看着胡府尹，观察他对这句话的反应。但胡府尹没有被唬住，他平静地回答说：

“即使死，也要把他们运过来；按照太后的委任，我命令你们。”

此前，张将军一直在虚张声势；现在，他终于不高兴地让步了。

“立刻把他们送过来，不论死活，你们这些混蛋！”他咆哮着，“快点去！”

军营一定有点距离，直到半个小时后的掌灯时分，两个伤兵各被六个人扛的担架运进来。

第一个人身上盖着毯子，假装失去知觉；但他没有发烧，脉搏缓慢。他身上没有受伤，只是在右侧肩胛下部有一道刮痕，可能是指甲也可能是子弹头留下的痕迹。

在我检查的时候，伪善的张将军俯身用假装同情的语调问我：

“他伤得重吗？能好吗？还要养多长时间啊？”

我答道：“伤得不重，他会好的。如果你同意把他送到我的丰台铁路医院，我保证他会在后天痊愈的。”

我这么说是因为我想象，常驻北京的英国公使窦纳乐爵士也许会抓住这些人依法处置。如果他们在丰台医院，就可以轻松把他们抓住；不然的话，我会因为他装病，命令把他立刻开除。

第二个人也假装伤得很重，但他的确在肩部有个很小的枪伤伤口，我用手术钳拣出蓝色布片，把他也送到医院，预测他10天内会康复。

颐和园庭院内的一座寺庙

纪念拱门

在艰苦的围困期间，我们是否有能力学习了解这么多的美丽而又有震撼力的有关“紫禁城”的东西？从中国人的角度来说，这些建筑非常美丽，历史悠久。它们用大量的石材构建，美轮美奂。

张将军对我表示感谢，允诺这两个人康复后会酬谢我。他向胡府尹冷淡地点点头，就和他的人扬长而去，让一个下属陪伴我们乘坐专车。此举对太后的钦差十分失礼，也是很大的侮辱。

我们的返程十分顺利。城门在我们进入后关闭。胡府尹立刻向太后上奏，报告自己调查的结果和曹千总蛮横的态度，要求把他押解到刑部处置。

太后接受了上奏，决定对曹千总降级处理，将他降级为把总，此决定的告示立刻颁布。她同时表扬胡府尹行动迅速、干练。

但是，胡府尹可悲啊！董福祥将军，此人可说是中国的祸害，对这些情况还不了解。他从做强盗起家，后来通过降服他家乡一支难以对付的回教叛军而成为慈禧太后军队的首领。他胆子大、残忍、不择手段，对缺乏武装和纪律的同乡下毒手，不仅镇压起义，也将叛军斩尽杀绝。

他果断善战的名声很大。当慈禧太后靠武力从软弱但正义的光绪手里夺回政权时，她立刻决定招董将军进京，辅佐她维持政权。在董将军进京的路上，张将军领导的先头部队在卢沟桥遇到了麻烦。

董福祥将军听到曹千总被降级的消息时狂怒不已，认为这不仅是对曹千总的侮辱，也是杀鸡儆猴。

在北京见到慈禧太后时，他知道她的统治岌岌可危，没有军队可以依靠；这个勇气十足的冒险者告诉太后，除非让曹千总立刻官复原职，革去胡府尹的府尹和铁路督办职务，不让他担任总理衙门即外交部的职务，否则他就立刻解散军队，返回甘肃。

慈禧太后对他提出告诫，但没有效果，她说胡府尹只是履职，由于他外事经验丰富，他将是总理衙门中不可多得的官员。但董福祥固执己见，太后犹犹豫豫地屈服了，将胡府尹解职，他从此退出官场。

胡府尹因与英国人的友谊深厚，成为获取香港上海银行公司（一家英国公司）的贷款以延长修建京津铁路的唯一负责人，他还签署协议赋予英国股东真正控制京津铁路的权力。按理说，他的降职必将受到使团的阻挠。然而，英国外交使团只是做出了温和的抗议，总理衙门按惯例一样代转抗议不加评论。胡府尹在他解职几天后痛苦地告诉我说："如果我是俄国人的朋友，我就不会被罢黜。"

他的顺天府尹的职位被何乃莹替代；关内外铁路督办大臣的职位被许景澄替代，此人是前驻德国和俄罗斯公使；何乃莹是个著名的排外人士，得到董将军推荐；许景澄是个鸦片瘾君子，是中东铁路公司督办。

董将军在北京的影响力日益扩大，他的部下穿着自己喜欢的红黑相间的制服在街上耀武扬威，对路过的外国人的威胁越来越大，直到后来发生了几起风波，一个外国人的几根

清朝内阁

围困前夕在北京的清朝内阁高官

肋骨被打断，其他几人惨遭殴打。于是，几名驻华公使联合起来要求把董将军的部队调离首都。慈禧太后勉强同意，但只把他们调到百里之外的地方。

董将军到达北京后不久就与端郡王载漪来往密切。端郡王是个愚蠢、无知的满族人，很快成为董将军的工具。光绪皇帝龙体欠安，尚无子嗣，似乎随时会驾鹤西去，他的继任者的问题一直都在被人们讨论着。端郡王载漪、辅国公载澜和惇亲王载濂的儿子们都是合法的王位继承人。

董将军发现，端郡王载漪比另外两个人更适合被他利用，于是提出将自己的女儿嫁给端郡王载漪的儿子，允诺支持端郡王载漪的儿子继承王位，在必要时动用军队干预。端郡王载漪同意了这样的安排，但声明，继承的过程不要透露出协议联姻的底细，但在公开挑选皇后时，董将军的女儿要及时从甘肃赶来，并成为受皇帝宠幸的人。

在此共识之下，所有的事情一帆风顺。他们的计划也无懈可击，1900 年 1 月 24 日，在庄严的王公大臣秘密会议上，所有有关端郡王载漪的利益都得到考虑，端郡王载漪的儿子溥儁被指定为前任皇帝同治[①]的继承人；可怜的病怏怏的光绪没有继承人，但他堂叔却有了继承人，按照皇家的法令，这个指定使他成为他人的绊脚石。

这是慈禧太后设计的复仇计划，她的外甥光绪企图让她大权旁落，自己独掌政权。董将军极端排外，很快让他在朝廷里的老人圈和最保守的满族人和一些中国人中间拥有很多

① 译者注：据记载，1900 年 1 月 24 日，慈禧太后立端王载漪 9 岁的儿子溥儁为大阿哥，成为光绪帝的继承人，史称“己亥建储”。

朋友，但在前任官员中，他的影响是最大的。

这些人中的很多人，愚蠢、偏激、懦弱，一事无成，只是为个人的成功而沾沾自喜，所作所为总是以拯救自己的国家为借口。

徐桐、刚毅、启秀、崇绮、崇礼、那桐和李秉衡成为他最亲密的朋友和崇拜者，结成阴谋集团，很快就控制了政府。在董将军指挥下的重要部门，或者人去楼空，或者即将如此，都被他塞进了小集团的满族兄弟。在很少的情况下，也有汉族人，但他们已非纯粹意义上的汉族人。处理有利可图的关系给他们很大的支配权。其他岗位上以前是汉族和满族人数各半，但现在基本上是满族人了。

十七孔桥

靠近北京的万寿山旁边的桥梁，建筑与自然风景融为一体，风景如画。

刚毅被派往南方各省去敲诈勒索，以便招募更多的壮丁，同时了解人们的想法，怂恿他们排外；李秉衡被派出检查和汇报长江流域的防御情况，罢免那些有进步倾向的官员。毓贤接任山东省巡抚，在那个省份种下动乱的种子，结出苦果，那就是组织涣散、打着爱国旗号的劫匪组织，一个叫作义和团的组织。

义和团运动大规模爆发，其结果将会在以下章节部分被描述（我们身处北方，只知道部分）。

第二章

毓贤被任命为山东巡抚，又被英国人要求罢免；唯一被奖励的——袁世凯继任接替他——人民和义和团憎恨教民——义和团和教义——太后占卜问卦

许景澄

前驻德国公使，总理衙门成员，因倾向于议和，8月9日被斩首（译者注：资料显示，他死于1900年7月28日）

随着满族的毓贤被任命为山东巡抚，接替排外的、被德国人游说赶走的李秉衡，标志着清政府对义和团驱逐传教士、外国商人和外交官态度的认可。毓贤的排外程度超过他的前任，下车伊始即在民间恢复“大刀队”和“义和团”，这些组织因李秉衡丢职而略受影响。

住在山东的外国人曾经幻想新的巡抚会好于前任，但很快发现他们自己的境遇更糟。本地的基督教徒遭到周围非宗教信仰者的最严酷迫害，而衙门对他们的申诉置若罔闻。

毓贤处事果敢、敏捷，他知道外国势力可以把李秉衡赶走，也可以让他下台。但既然他被调来就是为了制造麻烦，他被调到更好的岗位说明是对他的成功的奖赏。

事情的确如此。济南府的义和团攻击并杀害了英国教会年轻的传教士卜克斯，他当时正赶往自己的传教点平原。

英国政府要求革去毓贤巡抚的职务，中国政府默默接受。但朝廷对他抵达北京后的待遇让任何一个明智的观察员对慈

蒙古喇嘛

按照中国的标准，他们学识渊博，左边的学生正在接受指导。

禧太后的排外政策心知肚明。

尽管受到告诫，我们还是看到慈禧太后很快召他入宫，第二天的清廷诏书就让世界震惊，太后亲笔书写“福”字颁赐给他，然后任命他为山西巡抚。山西有丰富的煤炭资源，罗思柴尔德爵士支持的英国意大利公司“北京财团”对清廷的决定做了重大让步。在山西省还有建立已久的美国公理会和中国内地传教组织。

所有中国人和久居中国的外国居民都心知肚明，慈禧太后对毓贤的处理表明对他排外行为的认可和感谢；然而，除了英美使团做出平淡的抗议外，整个外交使团沉默不语。于是，毓贤重操他在山东排外的旧业，在山西故伎重演，结果也可想而知。

慈禧太后任命袁世凯为毓贤的继任者。他背叛了不幸的年轻的皇帝光绪。外国人对袁世凯并不陌生。他曾经居住在汉城，对中日甲午战争起因他要负很大责任。甲午战争后，他被委任为位于天津南边小站的外国人负责训练的部队总司令。袁世凯奸诈狡猾，工于心计，慈禧太后通过任命他为山东巡抚来奖赏他，并把光绪皇帝打算软禁她的目的昭告于世。

袁世凯抵达山东伊始，即发现自己处境困难。如果他鼓励义和团发展，他就会在外国人面前树敌；如果他对义和团采取严厉态度，他就会被慈禧太后罢免，而她受董福祥和他的死党们的影响很深。

袁世凯家财万贯，识时务，试图避免得罪两方。当义和团服从他时，他就支持他们；否则他就惩罚他们。在他的治理下，从他接手时处于义和团骚乱状态的山东变得平稳了。

他让义和团明白，他们会及时和有能力消灭外国人；但是，他们必须耐心地练团，等他认为他们已经圆满了才行，不允许他们过早地伤害任何外国人，在政府做好准备处理他们之前，把麻烦先放一放。同时，他又允许义和团不受约束地抢劫和谋杀中国本土教民。他深知此举会取悦朝廷而不会让外

科举考试的单独屋子

科举考试制度是中国社会和政治独特的制度。应试者被安置在图中这些小房子里，在入口处放有大水缸可供饮水。应试者按要求一直待在小屋里忍饥挨饿，直到通过考试，这通常需要 2—3 天。

国人认为是冒犯条约权力[①]，而事实上的确是冒犯了。

显然，他认为董福祥驱逐和消灭洋人的计划并不可行，如果他能使山东在一年内免于因公开排外而导致中外战争，直隶当局、所有的满族人和董福祥自己会挑起战争并引火烧身，而袁世凯则可以摆脱保守派，在新的政权里以改革者的身份走上前台。我敢说，他会这么做的。

义和团运动并不是由董福祥发起的，但在他的建议下，确实得到了朝廷的允许而发展壮大。在古代中国，有个相似名称的团体，是民间的准军事组织。义和团的复兴不仅仅是防卫，也是要消灭基督教和传教士。

中国人对很多本土教民咄咄逼人的态度怨声载道，尤其是罗马天主教，神智正常的人都不会否认。多年来，传教士和许多新教传教士通过诉讼支持皈依的教民、打压异教徒的行为已经司空见惯，并且造成偏袒的影响。教民为了让异教徒得到报复，只要告诉牧师，自己因为宗教信仰受到某种迫害，来引诱传教士维护他的权利。我经常听到中国人说，这些教民在神父面前百依百顺，后者很少看到他们平时的样子；但在神父背后，他们对自己的同胞傲慢专横，后者对他们又恨又怕。

在中国居住多年后，我得出这样的结论，在中国人反对的情况下，各国列强把传播基督教作为条约权力强加给中国人的做法是错误的。在中国发生的几乎所有的骚乱的缘由，都是义和团企图逼迫中国官员阻止把房产转移给传教士用于

① 译者注：在清政府与列强签订的不平等条约中，允许列强保护传教士和中国教民。此举破坏了中国主权。（徐绪典:《教会、教民和民教冲突》）

居住和盖教堂。在内陆城市、乡镇或者村庄，强制建立传教设施所招致的仇恨会令人们终生难忘。在和平时期对强行建立传教设施尚可忍受，在国家受到外来侵略挑起动乱时可能被拆除。这适用于中国，曾经是野蛮和不开化的中国。

如果改革者上台，社会文明对宗教信仰十分宽容，传教士远离大城市，在帝国偏远的地方传教顺理成章。但在中国，皈依基督教的事情只有出现在与国外签署条约的口岸城市，一切才会风平浪静。这种情况过去是，现在也是如此。我不期望任何传教士组织完全同意，但毫无疑问，他们中的很多支持者会历经磨难，最后会相信并支持我的论点，因为所有遇到这个问题的在中国生活的人都有自己的切身体会。中国人有很多理由仇视外国人，但宗教信仰是最主要的理由。

在最近发生的骚乱中，铁路被义和团破坏了。但这只是义和团半年来成功地反对本地教民运动的结果，这个运动使义和团希望消灭传教士和把铁路引进来的人。我自己是个基督教徒，乐见中国成为基督教国家。但我不能接受通过咄咄逼人的武力方式把基督教强加给中国的政策，这个政策不但不成功，还给董福祥这样的人提供借口来游说他无知的追随者灭绝洋人和教民。

参加义和团的人由无知的农民和城市无业游民两部分组成。前者极容易成为狂热分子，后者是为了抢劫而来。慈禧太后极大地纵容义和团运动，为了增加诱惑力而论功行赏，各种级别的职位很快都抢占一空。这已成为不争的事实。而中国大多数人口都是赤贫状态，重赏之下必有勇夫。义和团的大本营在北京端王的府上。他派出使者带着他的指令先到山东然后到直隶，与业已存在的秘密社团和新建立的社团合作。使者遍访每座城市和乡镇，向当地的头人咨询，招募年轻人参加。

义和团的名字来源于他们所练习的团术，团友们被告诫，如果能够获得圆满，他们有机会为慈禧太后效劳，加官晋爵；如果他们每天坚持参加仪式，3 到 6 个月，他们会勇气倍增，刀枪不入，孩童也能和没练过团的成人比试。数以千计的人对此深信不疑，成千上万的 10 岁以上的孩童踊跃加入。义和团团术的动作包括鞠躬头着地，面向东方和南方各叩头三次，然后平躺在地上数分钟，从一边晃向另一边数次，然后起身，做一些姿势，躲避敌方攻击。作为统一标识，他们一律头扎红头巾，红带子从胸前穿过，脚踝处裹红色绑腿。

义和团起义的时间为中国农历的八月十七，中秋节即八月节后两天。这个运动提前爆发，但发起者并未参加，而是由于在准备了一半时间就爆发了，也就是说，使列强在得知他们是一个真正的政府代表之前就轻而易举地战胜他们成为可能。

无疑，政府在这之前打算向他们中的成人提供武器。有人告诉他们，在他们举行起义时，各路的天兵天将会从天而降，在反对外国人的正义战争中帮助他们。

慈禧太后对此说法和团友们刀枪不入的功夫深信不疑，她十分迷信，在 5 月初向巫师占卜问卦。两个盲人巫师拿着丝绸蒙着的器具，用事先准备好的沙子，写下了如下来自天国的信息：

大事临头
红血横流
白骨处处
秋天可见
铁马东西奔跑
谁是谁非
终会清楚

中国人把千禧年视作在一个时间轮回的关键时刻。铁马

一些激进的中国官员

这些是总理衙门官员

意味着战争。太后知道这意味着，在她希望开始的战争中，只有通过成功来展示她是正确的。

然而，义和团由于贪婪、抢劫让她的计划彻底破产。在被允诺在八月完成起义后可以抢劫外国人的财产，他们把教民和传教士的财产视为自己的财产。由于担心政府军队会获取其中一部分，他们在约定的时间之前开始起义。政府是如何开始做了软弱无力的努力来限制他们，后来又放弃立场和他们一起排外，是个历史的谜团。

只有在围绕慈禧太后的那些十分无知的满族大臣的头脑里才有可能产生这样十分愚蠢的想法：中国能够成功挑战整个文明世界。总理衙门里的几位大臣如庆亲王和廖守恒企图将这些想法打压下去，但他们很快就坐了冷板凳。

在总理衙门退而不休的其他大臣们，没有人敢对义和团运动说三道四，因为他们害怕大权旁落。在慈禧太后最后处理与洋人的关系方面，他们无法取悦于她，在围困北京开始前的几天，她任命端亲王为总理衙门的领导，替代庆亲王，同时任命两个咄咄逼人而又排外的人启秀和那桐。这些人和董福祥一起都要对谋杀以下这些人的生命负责：克林德、秀耀春[①]、欧利丰[②]、沃伦、瓦格纳，其他死于围困时期的平民和卫兵，还有那些死于各省的传教士，由于被围困，我们对他们的命运一无所知。

---

① 译者注：秀耀春（1856—1900），英国浸礼会教士，1900年义和团运动中，于6月20日失踪。

② 译者注：欧利丰（1876—1900），英国使馆助理翻译，1900年7月5日被义和团炮弹击毙。

各国列强在处理那些排外者的罪行时，毫无疑问会把他们视为理所当然的杀人罪犯，我们希望这些人都不会逃脱法律最严厉的制裁。

第三章

发给美国的电报，描述了1900年1—6月义和团运动的发展。

崇礼
满族义和团首领

义和团在山东济南府杀害英国传教士卜克斯的事件成为导火索。1900年1月4日我发电报给美国描述了这起谋杀事件。1月5日我发电报说，在泰安府的美国人处境危险，美国公使要求清政府保护他们。泰安府地处卜克斯遇害地点南边，坐车需要两天时间。慈禧太后也通过总理衙门向窦纳乐表达她对谋杀行为的憎恨。从这时开始，我在不同时间发电报记录义和团运动的进展。

1月13日 山东的基督教徒正在不断地被义和团抢劫，泰安府地区的情况由于当地官员不愿意教民被干涉而特别危险。身在山东北部庞庄的史密斯博士也给美国使团发电报说，他们那里的情况也同样危险：教民被杀害，教堂被抢劫和焚毁，当地官员不给任何赔偿。

1月15日 昨天朝廷颁发上谕，对义和团大加赞扬，也肯定会惹出麻烦。克林德就此向总理衙门进行交涉，却无功而返。

1月24日 义和团运动发展迅速，危机四伏。端郡王的儿子被选定为皇帝的继承者，是个恶兆。

1月25日 朝廷发布上谕，表面上是皇帝但实际上是慈禧太后颁发的，声称由于皇帝龙体欠安，尚无子嗣，从国家的江山社稷出发，选定溥儁为继承人。

2月5日 尽管北方省份的义和团运动风起云涌，但北京相对平静。

2月10日 排外浪潮加速发展。荣禄、徐桐、刚毅大权在握，并始终站在慈禧太后一边。义和团运动取得的成功被用来告诫群众，如果人们心里都有斗争的信念，小乡村里的运动也可以挑战一个庞大的政府。事情的结果是，英国的声望在此每况愈下。一个义和团成员向德国人建筑的山东的铁路发起攻击，把德国人赶离工作岗位。克林德要求他们坚持工作，总理衙门认为很难同时取悦朝廷和外国人。

2月12日 济南府长老会的传教士收到信件称，这个地区大约70个教民家庭被抢劫，当地官员不给任何赔偿。义和团对此心知肚明，有恃无恐，迅速扩展。

2月15日 朝廷的上谕命令当地报道有改革倾向的报纸停刊，编辑们被监禁。

2月19日 清政府与外国公使们的年度聚会在一个很寒

酸的地方举办，不拘形式。这么做其实是想羞辱他们，但公使们却没有人抗议。

2 月 23 日　一个在天津的法国传教士通知我，那个地区到处都有义和团团员，他们公开承认他们练团是为了到北京驱逐和消灭所有的外国人。

2 月 25 日　山东高密数千义和团团员占领德国铁路大楼，声称他们的目的就是把外国人赶走。

2 月 28 日　山东巡抚袁世凯派密使，一个前武术教练，向德国公使克林德传达信息，他会驱散义和团，恢复平静秩序。

3 月 14 日　一个为英国财团获取所谓的北京财团山西煤矿和铁路特许权的人被捕。在窦纳乐要求释放他的时候，慈禧太后很快判决此人终身监禁。此举会在很大程度上对那些帮助外国人的人形成威慑。

3 月 15 日　美国公使康格曾经抗议慈禧太后任命前山东巡抚毓贤到其他有美国利益的省份担任职务，到目前为止，太后已经任命他为山西巡抚，那里不仅有几个美国的传教站点，而且有北京财团的利益。

4 月 24 日　大约 1 万名义和团成员在保定府附近的一个地方聚集，秩序混乱，咄咄逼人。北京以南[①]13 英里的通州和东部的遵化情况相同，这两个地方都有很多美国传教站点。

5 月 17 日　义和团运动已经形成令人惊讶的规模。他们捣毁了保定府东几家天主教村落，并把在涿州的美国传教士的财产抢走。他们也抢劫英国传教士的财产，并杀害了几名

---

① 译者注：推测作者将北京以东的通州（TUNG CHOW）和遵化（TSUNHUA）搞混。

古代天文仪器

三件具有重大天文学价值的仪器，公元1264年忽必烈时代制造。这张插图还有一个故事，德国人试图把这些仪器运往柏林，遭到美军查飞将军（译者注——美国陆军中将，1900年统军来华，任镇压义和团的美军司令官）的反对。上面的雕刻显示，在运往欧洲之前，它已经被使用了数百年。

基督教徒。在北京城里和郊区，每天都可以看到义和团成员，形势日益严峻。

5月18日 一个亲王警告我应该带家属离开北京，他哥哥是义和团成员，外国人在北京不再安全了。我把整个情况向美国公使做了通报，但他相信清政府官方的允诺：一切都会好起来的。

5月21日　外国公使们开会讨论派使馆卫兵进驻北京保卫使馆。法国公使支持，但美国公使康格反对，声称他完全相信朝廷终究会镇压义和团。会议没有采取任何行动，大家同意静观事态发展。

5月24日　总理衙门仍未就4天前各国公使联合发出的要求一揽子处理义和团的照会进行答复。除非立刻施加强大的外交压力，否则，大规模起义迫在眉睫。

著名的明陵拱门

有位著名的旅行家说，为了能看到这个建筑，即使环绕地球一圈也值得。如果它地处纽约或者巴黎市中心，肯定会引来人们的无限崇拜。但是它地处荒郊野外，背景是崇山峻岭，代表了曾经统治过中国的强大王朝君主的墓地，它给予观众的不但有崇拜，还有震惊。

5月25日 杨将军在保定府附近的HSIEN TINGHSING被杀害，凶手是他的手下，或者是义和团。他的士兵加入了义和团。

5月26日 总理衙门就各国公使要求镇压义和团的照会给予模糊和敷衍的答复。在北京的各个亲王宅邸，正在招募义和团团员。

5月28日 上午，各国公使今天再次开会，由于总理衙门承诺将要发出上谕强力镇压义和团，会议对大家期待防卫的事情延缓采取行动。毕盛不相信中国人的承诺，再次要求增加使馆的防卫。

5月28日 下午4点，义和团烧毁了北京以西40英里的琉璃河桥梁，破坏了卢汉铁路，并向距离北京12英里的卢沟桥进发。受雇于铁路的外国人四散而逃。从天津发车的火车晚点，我们与沿海一带的通讯受到威胁。外交使团如梦方醒，义和团运动十分危险。

5月29日 至少，义和团已经兵临城下了。不仅仅是琉璃河和长辛店的卢汉铁路被破坏，离北京6英里远的丰台也被进攻、抢劫和焚烧，所有外国人都逃往天津。现在，外国公使迫切需要卫兵保卫使馆，但丰台铁路是否被破坏尚不得知，卫兵能否尽快到达还不肯定。在长辛店居住的法国和比利时庞大的妇孺群体的命运也不知晓。使馆区附近的街区游走着面目可憎的恶棍，伺机抢劫。在部队到达之前形势十分危急。

5月30日 总理衙门要求使团不要召集卫兵进京，向他们确保这完全没有必要。但使团已经被当前的形势唬住了，不顾总理衙门的要求，坚持派兵。排外的气氛十分高涨，如同干柴一样，只需要一点火星就会燃烧起来。

5 月 30 日　下午，直隶总督禁止卫兵在天津乘火车。15 艘军舰抵达大沽。

5 月 31 日　总理衙门命令直隶总督允许外国卫兵乘车前往北京，但同时要求各国公使像去年一样，只招进少量卫兵入京。军队抵达。

6 月 1 日　城里的平民百姓对眼前发生的一切似乎很懦弱，忧心忡忡。骚乱现在似乎可以被阻止，但是处理义和团运动的难题需要积极的外交努力。

6 月 2 日　卢汉铁路上的保定府南边的车站和建筑被焚毁，铁路被破坏。30 名比利时人，包括妇女和儿童试图逃往天津，受到了义和团的攻击。已得知几个人遇难，其余的人情况不详。据说在当地的翻译离开他们去求助的时候，他们被义和团包围了。在涿州的美国公理会和在固安县的美国长老会布道所的当地教民正在涌入北京以逃避义和团的杀戮。他们的房子都被抢劫和焚烧。

6 月 2 日　晚 8 点　在对待义和团的态度问题上，清朝大臣们发生了激烈争论。庆亲王支持对外国人有节制、镇压义和团的态度。据说他得到荣禄和总理衙门的秘密支持。在徐桐、刚毅和其他排外大臣的支持下，端亲王支持义和团运动。危机迫在眉睫。

6 月 3 日　英国传教士罗宾逊和诺曼在永清被义和团杀害。他们的教堂被抢劫焚烧。义和团目前已经控制了从天津到保定府的广大疆域，甚至包括东北方向的北京。清军对义

中国轿子

这是一种典型的中国运输工具，骡轿。轿子用两根横杆固定在两匹牲畜背上，一匹在前，一匹在后。在轿子里，旅行者感觉很舒服。远处是庞大的明陵墓群，其著名的拱门也随处可见。

和团放任不管。华北所有的宗教和传教活动纷纷停止，除非列强强迫清政府遵守条约，要求赔偿每一个违反条约的行为。

6月4日 京西的教民报告说，数以千计的义和团正在涿州集结，准备进攻北京的外国人和教民。传教士被事实所折服，纷纷报告给自己的使团，而使团不会感到高兴。在保定府的美国长老会布道所的泰勒博士给美国公使发电报说："我们目前安全，但估计会受到威胁。"

6月4日 下午，从天津出发的火车晚点4小时到站，原因是义和团火烧桥梁，破坏了黄村车站。中午的火车目前延误，因电报线路被切断，没有消息。除非外国军队能够立刻部署保卫铁路，否则我们来自海上的救援将被切断。

6月5日 保定府的传教士被攻击，发电报求救。在美国公使的要求下，总理衙门答复，他们会发电报给保定府的官员去救助。但是除非能有一个营救小组去马上救助，否则他们必死无疑。

6月5日 下午，在遵化的美国卫理公会布道所的4名妇女和1名幼童被围困，他们发电报求救。天津发车的火车停运。我们派信使去天津送信。

6月6日 美国驻天津领事发电报给美国公使称，天津城里一片混乱。他建议不要让妇女儿童从北京来天津，因为根本无法抵达。保定府的传教士情况不明，我们无法得到他们的消息。

6月6日 下午，美国驻天津领事发电报称，天津的形势日趋恶化，每况愈下，义和团的攻击迫在眉睫。在北京这里，我们都集合在使馆里，但缺乏武器。但我们仍然会坚决抵抗的。

6月7日 我有充足的证据证明，在慈禧太后的指使下，清政府官员是义和团运动幕后支持者。总理衙门和内阁正在支持这场旨在消灭所有洋人和教民的运动。老朽不堪的内阁大臣们说服慈禧太后他们的目的是可以达到的，他们也愿意承担对外开战的后果。这个愚蠢的主意与事实完全不符。各国列强应该立刻准备开战，或者把准备工作委托给那些最近的和最能够成功执行的列强。准备工作越早开展，生命和财产的损失就越小。总理衙门昨天通过庆亲王的幕僚允诺窦纳乐，如果各国公使不再像以前那样施压要求单独觐见慈禧太后，庆亲王保证在两天内恢复铁路畅通，并使整体局势平稳下来。今天还发布了一个上谕，温和地命令官员们明辨是非，分清义和团中的好人和坏人，只惩罚坏人。

6月7日 20个教民在北京以南13公里的黄村被害。通州的传教士决定放弃宝贵的宣教基地，给美国公使发电报要求派一个海军陆战队战士到通州护送妇孺前往北京。他们的宣教基地里有个很好的学院，难逃焚毁的灾难。

6月8日 通州的传教士已经安全到达北京。在京津铁路上的另外两个布道所落垡、廊坊和通州的学校一样被焚毁。总理衙门拒绝在北京的外国使团加派警力。各国的30艘军舰

在美国使馆前合影

左起：徐用仪，1900年8月9日被处决；王文韶；义和团首领赵舒翘；美国公使康格；驻巴黎公使裕庚。

云集大沽口，北京与世隔绝。为什么在美国国务卿海伊自吹自擂的开放政策之后，美国还允许他的外交代表为了他自己和侨民的安全拒绝加派充足的警力，至今令人匪夷所思，除非这位外交代表没有把北京危险的真实情况告诉政府。

6月8日　下午，局势十分危急。北京城里的传教士被迫放弃他们的住所，跑到位于美国大使馆以东半英里、靠近其他使团的卫理公会布道所避难。他们身上仅有很少的短枪和军火弹药，周边是和他们一起逃亡的如惊弓之鸟的教民。庆亲王的恢复铁路畅通的承诺被证明是谎话。各国公使现在也认识到他们再次受到愚弄，并损失了两天宝贵的时间。我们呼吁政府抓紧时间拯救我们的妻子和家眷，否则就太晚了。

6月9日　皇帝和太后今天从颐和园返回城里。朝廷颁布了另外一个愚弄外国公使的不痛不痒的上谕。据了解，庆亲王在没有目的的情况下规劝内阁大臣们。

6月9日　下午，美国公使康格派出全部20名海军陆战队队员去卫理公会协防，保定府的传教士音信杳无。

6月10日　500名海军陆战队队员和水手从天津出发来救我们。他们乘火车到达在北京以南20英里的ANTING，然后步行。如果动作迅速，明天就可以赶到。卫理公会的布道所正在用厚砖墙和装有倒钩的铁丝网加固。

在这份电报后，我得到通知，通往南部的线路被切断，我只是在7月12日发了一份关于日本使馆书记生被杀的电报，呼吁清政府迅速采取措施拯救我们。

我认为，通过这些电报可以清楚了解义和团运动成长和发展的历史。任何有正常理解力的人在看到这些电报时，在6

月 1 日前都可以了解当时的情况。

美国、英国和法国的公使们都对上述大大小小的情况了如指掌。

第四章

作者6月1日—20日的日记

我下面的日记描述了在义和团紧密围困使馆时期的主要事件，与上一章的时间有少许重合。

赵舒翘
政府内阁中的义和团成员

6月1日 在3天的高度紧张之后，我们终于能够轻松地喘口气了。各种有关宫廷里的阴谋、天主教骚乱和京津铁路被毁的谣言仍然满天飞。但确凿的事实是，6个使馆的少数卫兵已经到达，如果狂躁的群众急于和外国人过不去，那么只有依靠武力解决了。

除了法国公使毕盛以外，其他公使都因为对局势认识不清、反应迟钝而受到谴责。他们仅仅能够用可以避免的外国人大屠杀来回答这些谴责。

英国公使窦纳乐爵士，由于他的决定，使整个使馆外的英国人社区感到极大的满足，并明确表达了这种感受。他们不相信会有任何危险到来，坚决反对毕盛十天前提出的派兵协防的建议。

美国公使康格和窦纳乐爵士一样不相信有危险。这部分原因是由于美国使馆馆舍狭小，二等秘书被迫住在办公楼的两间房间里，另一部分原因是由于他相信清政府会也有能力稳定局面。当距离仅 6 英里的丰台被义和团纵火焚烧，义和团由此开往北京时，他们两人的态度立刻发生重大转变。接下来，最激动人心的有关军舰抵达大沽、卫兵和机关枪马上到达北京的电报成为了今天的主题。

如果义和团稍微有点组织，他们就会在丰台拆毁 1 到 2 英里的铁路，并因此有效阻止准时赶来镇压骚乱的外国军队。然而，幸运的是，他们似乎被抢劫的欲望冲昏了头脑，在抢走了丰台 8 家外国人的所有家具和财产、盗走了太后轿车上可拿走的所有东西以后，他们放火焚烧了火车站和商店，并洗劫了附近村庄的住户。

6 月 4 日 义和团成员没有因为抢劫和放火而受到惩罚，他们于是有恃无恐，焚烧了丰台的下一站——距离北京 13 英里的黄村，在永清杀害两名传教士罗宾逊和诺曼，并击败了从天津出发的搜索逃离卢汉铁路的比利时人的哥萨克部队。此外，在大沽发生了 17 人战斗，外国公使们除了从每 50 到 75 人中挑选 1 人来保护他们的使馆外无所作为；他们以此来讨好这个国家，这无论从哪个角度都可以看出。为什么不派更多的军队到北京？为什么不抓捕他们都知道的在北京的义和团真正首领并让他们对事态的进一步发展负责？没人知道。

每个外国公使都知道以下这些人是目前混乱局势的源头:

徐桐、刚毅、崇礼、崇绮、赵舒翘和端郡王。尽管他们都知道这些，但他们仍然假装相信清政府所给出的与事实相反的各种承诺。

6月13日 所发生的事件令人激动，以至于令人无法坐下来安静地写作。来自北京以南13英里的通州的传教士逃到北京，他们的学校、住房和财产都被道台派去保护他们的清军士兵毁坏。全北京的传教士都聚集在卫理公会布道所，他们收集了各种武器——短枪、来复枪和左轮手枪。美国公使派了20名海军陆战队队员来保护他们，他们加固了厚砖墙和铁丝网以保卫“要塞”。

几天来，我们一直没有听到有关保定府长老会传教士的消息。最后有关他们的消息来自几天前的总理衙门，然而并不可信，消息称他们目前安然无恙。自从通州的教会学校的房屋被烧毁后，通往南部的电报就被切断了。我无法发报回家报告每天发生的事情。

6月10日 就在电报线被切断前，我们收到美国领事拉斯代尔的电报称，一支拥有800名战士的军队正在赶来保卫我们。但今天已经是收到该电报的第四天了，我们得知他们于周一晚上到达落垡，它是位于京津铁路沿线的一座被焚毁的车站。我们对他们的到来翘首以盼，但却杳无音讯。为什么他们不能事前派当地人来给我们通风报信，我们无法理解。

6月18日 我们被围困在使馆区已经11天了。我们的450名海军陆战队队员和水手的警卫们日夜守卫，疲于奔命。11天前，有人告诉我们有一支军队正赶来解救我们，虽然这段路只有8英里，但他们到现在也没有到达，下落不明。

我们每晚都要击退义和团和清军的进攻，共消灭了大约200多人，但周边大概有几百万人包围着我们，除非援军赶来，否则我们只能投降。我们派出的信使落在义和团手里后被杀害了。这样外界尽管可以猜测，但不会了解我们真实的、令人绝望的形势。

50艘军舰停靠在大沽，我们只能待在设有路障的街巷里，见证所有街面上的使领馆馆舍和外国人的住宅被摧毁。

美国公理会最大的财产——被称作南堂和东堂的两座天主教教堂，以及美国长老会的两处地产，福音传播社和国际协会、伦敦传教士协会都被纵火焚烧。我们被围困起来，无法施救。

在每一个被纵火的地方，在同情他们的清军帮助下，狂怒的义和团伤害门卫和附近怀疑是教徒或者是同情外国人的妇孺，令人发指地杀害他们。

义和团在南堂的暴行令人震惊。当一些受伤的孩子穿城而过，带来这些消息时，我们组织了一个小型救援队，由12个俄罗斯人、12名美国海军陆战队队员和两名平民佩西克和迪斯伯格组成。他们带着短枪，冒着与清军冲突的危险，走了两英里，在断壁残垣中与义和团遭遇，立刻拔枪射击，击毙60余人，其余人作鸟兽散。他们把藏在附近街巷里的妇女儿童集合起来，带着她们回到我们这里，求得平安。

我刚刚给一个头部受伤的10岁女孩包扎好，她后脑勺有个4英寸长的刀伤，头上颅骨外板还有两处骨折，尽管如此，她还是带着8岁的妹妹和4岁的弟弟一路跑过来。在她坚强地忍受着缝合伤口痛苦的时间里，她向我讲述了父母被杀和家里被洗劫一空的经过。一个 60 岁的老人背着 80 岁的母亲来到这个暂时安全的地方，但我们还能活多长时间，甚至我们自己也说不清楚。

我们焦虑的心情伴随着恐惧。现在，距离得知有军队要来解救我们已经过去很多天了，显然我们一点也没有比当初更接近被解救的时刻。对此，我们大惑不解。前天晚上，在被我们打退之后，义和团转向南城的店主，焚毁了黄金地段的店铺和银行。

他们还纵火焚烧了前门，这是一座数层楼高的壮观的建筑物，火光一定会照亮几英里外的地方。如果我们的救援部队在距离我们 40 英里的范围之内，就一定能够看到城楼上的火焰。我们开始担心他们遭遇了强大的清军，被赶回天津了。

总理衙门完全大权旁落，但仍然给我们发出信息说会保护我们，它有慈禧太后签署的每日诏书，表面上谴责义和团，实际上却是在鼓励他们。

数以千计的清军坐视义和团屠杀教民和被怀疑是教民的人，无动于衷。当被问到为什么不遵照诏书命令去镇压纵火和抢劫的暴行时，他们回答："我们接到了其他命令。"

每天晚上，义和团的子弹射向我们的卫兵，我们也多次出击击退了他们的进攻。我们发现他们迂回地向我们前进，常常借着夜幕的掩护向我们发起攻势。

在如此严峻的形势下，我们的妇女和儿童们的表现可圈可点，她们的勇敢可以赢得任何赞扬。

如果这些文字得以发表，我希望让全世界人民知道海军陆战队梅耶斯上尉非凡的勇气、献身精神和高度的警惕性。

北京的主城门

这是北京的主城门之一，也是最重要的城门。城墙上有宏大的建筑。城墙本身坚固无比，它巨大的高度和矮小的拱门形成反差，人流车流需要从拱门通过。1900年9月16日被义和团摧毁。

如果我们得以获救，我们愿为他献出自己和我们所爱戴的人的生命。如果他能够活下来，他的勇敢和忍耐力将使他得到上级的嘉奖。在这里，所有的战士们表现良好，但梅耶斯上尉在冷静和决策方面更胜一筹，其他国家的人都来向他征求意见。

他得到了美国第七骑兵部队前陆军中尉、美国使馆一等秘书斯快尔的全力支持。如果斯是公使，我们就不会陷入如此的困境，因为他认识到义和团运动爆发所带来的令人恐惧的局势，而公使们却对此打哈哈。尽管他无权命令军队及时赶到，但他仍囤积了大量的米和食品，买下了所有能够买到的马车和军火。

面对日益增加的暴乱和杀害，公使们（也许不包括法国公使毕盛）仍盲目相信着总理衙门的承诺，在我看来这一举动是罕见的幼稚和无知。这里的外国人，无论是平民还是军人，都在遣责他们能力低下，碌碌无为。

现在，他们当然认识到自己被总理衙门愚弄所犯下的错误，没有能够在铁路被毁坏之前，调集军队到北京救援。甘军暴徒在援军前往营救使馆被围困人员的道路上随处可见。

保卫我们的俄勒冈和纽瓦克的50名海军陆战队队员，构成了英勇善战的美国军队。他们聪明、智慧、开朗且精力充沛，像雄狮一般勇敢。仅仅沃克尔下士一人就在南堂杀死了7名义和团团员。

我们占据的街道大约半英里长，东西向，位于使馆的街上，东边是意大利使馆，西边是俄罗斯使馆，两边都设了路障加以守卫，每个路障上都加了一挺机关枪。（地图附后）昨日（6月19日），总理衙门的4名大臣造访了英国、俄国和美国大使馆，乞求公使们说服那些希望来救助我们的援军原路返回，并保证不会再发生义和团袭击外国人的事情，使馆馆舍也会得到安全。他们还说，慈禧太后现在也很肯定，义和团运动对政府和外国人都是灾难，并命令清军射杀所看到的义和团团员。整个下午，我们在城墙上的哨兵一直看到义和团团员戴着自己的标志，在守卫废弃前门的清军面前大摇大摆地走来走去，我们就知道，总理衙门和以前一样，仍然谎话连篇。

天津海关税务司德鲁先生派信使向《泰晤士报》的莫理循博士汇报说，救援纵队的后部铁路被破坏，他们被迫返回天津，远离我们。

我们的境遇令人绝望。食物快吃完了。义和团和清军公开地交往起来。我们的战士整天巡逻，终于筋疲力尽，感到前途渺茫，毫无希望。

7月18日 就在6月19日，大约一个月前，总理衙门向外国公使们传话说，由于在大沽的海军上将通过法国领事

美国使馆一等秘书斯快尔

通知直隶总督，如果他反对所需要数量的外国军队登陆，他们会占领大沽，这实际上是宣战。所有的外国公使都被要求在24小时内离开北京，借道天津返回各自的国家。中国政府将给每个使馆派一个陪同。

由于京津铁路被毁，由海军上将西摩和麦卡利上尉领导的救援被围困使馆的部队折回天津。京津两地间遍布数以千计的义和团和虎视眈眈的清军。事情再简单不过了，如果我们离开使馆围墙的保护，无异于招惹杀身之祸，自取灭亡。

然而，公使们愚钝之极，除了德国公使克林德外，英国公使窦纳乐爵士、美国公使康格、法国公使毕盛和杜士兰、俄国公使格尔斯事实上都同意次日带着本国公民前往天津，条件是中国政府提供交通工具。而守卫使馆的军官们声称，这将意味着整个使馆的全军覆没。

如果不是克林德次日早晨去总理衙门商量细节时被义和团杀害，我们肯定都会被这些公使们的愚钝思维害死。克林德男爵如同平常一样，乘轿子从使馆前往总理衙门。在进入总布胡同快到总理衙门时，他遭到了荣禄部队的袭击，一个戴有顶珠的把总下令射击，他伤势严重。陪同他的秘书兼翻译柯达士先生也身受重伤，在当地人的帮助下，他躲进了靠近使馆的公理会布道所，包扎之后被送回使馆。而此时拉人力车的苦力已经飞奔回使馆报信。

把我们的生命寄托于当地陪同的谎言于是真相大白。外国公使们虽然迂腐不堪，但他们终于认识到，祈望恶棍发慈悲，把自己和家人的生命寄托在他们身上，无异于愚蠢到了与虎谋皮的地步。那些人会被指派陪同他们，也会杀了公使们和我们这些外国人，尽管这些并没有发生。

6月20日清晨，我陪同《泰晤士报》的记者，用最坚决的语气告诉康格公使不能相信总理衙门的谎言，当时的情况表露了他的真实心态——他听完后转身冷冰冰地答道：“我不同意你们的说法。”

然而，没过多久就传来了克林德的死讯，美国公使于是“改变了主意”，他犹豫地承认，去天津的做法并不可行，我们必须坚守北京，等待大部队增援。

于是大家匆忙准备，把妇女和儿童送到所有使馆里最大最坚固的英国大使馆作为退守的最后防御点。

克林德的死讯传出后几小时，可以看到神色焦虑的男女老少拿着一大捆钱、水桶和行李箱涌进英国大使馆。车子上装满了三家外国商店里的食品和饮品，都运到英国使馆的院子里。

总理衙门给我们的24小时撤离期限截止到下午4点，在此之前，我们所有的人包括苦力和仆人都拼出了全身力气来搬运东西。到清军打响第一枪时，我们已经在英国大使馆这个临时避难所里准备好了可以维持几个月的物资。

第五章

作者和他儿子从6月20日到围困结束的日记

总理衙门成员徐用仪
因支持维新而遭斩首。

1900年6月20日下午4点钟，所有的外国妇女和儿童，北京城和周边地区的外国平民，包括海关人员和传教机构人员都来到英国公使馆避难。令所有人都感到惊讶的是，从5月31日英国海军陆战队到达北京起，时光飞逝，英国公使馆周边却没有建立路障，没有挖掘壕沟，没有做任何事情以使这里成为一个更好的抵抗围困的地方。

在和英国的一位中士谈论这些失误时，他告诉我，几天前，何立德上尉也想通过往装干货的箱子里装泥土来建造掩体，但遭到斯图尔茨、雷上尉和其他英国军官的讥讽和嘲笑，于是他放弃了。

英国公使窦纳乐以前曾在军队中担任少校，早应该布置这项重要的工作，但他和海军陆战队的军官们一样都保持沉默，应该受到谴责。

美国的传教士则与众不同，他们一到英国公使馆后就建立防御委员会、卫生委员会和食品委员会，等等，并立刻投入工作。英国公使馆因此具备了防御能力，这应该归功于他们，大家对此都很赞同。

我们抵抗围困所取得的最终胜利，在所有人中，最应该归功于美国卫理公会贾腓力先生。他精力充沛，从早到晚，都可以看见他在监督装沙袋，监督拆毁与使馆院墙相连的、可能被敌人用作掩护的房屋，用砖和木头构建掩体、加固院墙以及在适当的地方开设射击孔。事实上，在董福祥将军领导的甘军的枪林弹雨里，一个军队工程师能够做的工作他都做了。

使馆大约招募了1000名中国苦力、佣人、厨师，组织者在他们的袖子上缝制了臂章，宣布了他们的职责和工作时间。

在英国公使馆内防御工作有条不紊。在满乐道博士、刘海澜[①]和英格利斯的监督下，按照卫生条例规定，在相应的地方设置了公共厕所和垃圾箱。

在维尔德和普尔医生的指导下建立了医院，配备了看护团队，包括几名女医师和3名受过训练的护士。

荷兰和比利时公使馆由于位于防御线外，按照军队上校的建议放弃守卫。但军方决定坚守法国、德国、美国和意大利的公使馆，直至完全不能防守为止。

① 译者注：刘海澜（Hiram Harrison Lowry，1843—1924），美国美以美会教士，任京师汇文大学校长。

在德国公使馆内部设立街垒

如果没有街垒路障，战斗永远不会胜利。一些艰苦的战斗就是在街垒旁边完成的。街垒的下部为砖墙，上面是沙袋，还留有射击孔。

除了意大利公使馆外，其他馆舍还都在我们手里，尽管法国和德国的使馆馆舍已经是残垣断壁，每所建筑上都布满了中国加农炮的炮弹孔，他们常常就在200码以外的地方开炮。

在被围困的第一天下午，京师大学堂英文教习秀耀春看到几个清军士兵在公使馆北门外几百码外的桥旁。他走出公使馆大门，沿着河边向桥走去，他没有告诉别人自己走过去的动机是什么，据猜测是想和士兵们攀谈，打探他们接到的有关我们的命令。他刚刚到达那里不久，藏在肃亲王王府墙后的士兵举枪射击。站在公使馆门口的哨兵看到他举起双手报告，听到他报告的声音并看到他摔倒在地上。他微微欠起身，这时几个士兵跑出来，把他抬到墙角别人无法救助的地方。即使他没有遭受致命的伤害，他大概也会很快死在他们手里。

我一小时后听到这个消息时简直难以置信。1885 年我的朋友迎接我到中国，现在他的结局却如此悲惨。他从不树敌，待人温和、周到。他的命运与克林德如此相似，他的死讯在被围困的第一天就给我们整个社区投下阴影。

大约下午 4 点，清军以周边的房子为掩护向所有的公使馆开火，但幸运的是，他们的子弹打高了，从公使馆区上空划过，也许会伤到远处的中国人。

英国公使馆内部一片混乱。苦力们把从外边食品店运来的食品摊在院子里到处都是。男人、妇女和孩子们已经忙活了几个小时试图挑选和收集他们运进来的商品。他们考虑的是必须储备几天的食物，没人相信西摩[①]上将、沃嘎克上校[②]和麦卡拉上尉要花上长达一周的时间来解救我们。

我们没有想到，必须忍受长达数周枪弹炮火围困，而丝毫没有外界的消息。至少在我们有生之年，简直无法想象，这种情况以后会再次出现。

进入公使馆时，许多人匆匆离家出走，除了身上的衣服，一无所有。我一周前离家前往美国公使馆，被告诫不要带东西以免让其他人感到紧张，大家以为几天后情况便会转危为安。

---

① 译者注：西摩（1840—1929），1900 年任英国东亚舰队总司令，在廊坊被清军和义和团所败，退回天津。

② 译者注：沃嘎克（生卒年不详），俄国军人，1900—1902 年任“天津都统衙门”俄国委员。

当外国人遵守中国政府的最后通牒被迫离开北京，或者说，我们在克林德遇害后决定到英国公使馆避难的时候，再想回到安全线以外我的家中取东西已经为时太晚了。

如我所说，斯快尔先生已经储备了大量的米、面和其他物资。幸运的是，就我自己的小家而言，他提议说，如果我愿承担从他家将这些东西安全搬运到英国公使馆的任务，他可以满足我和家人的需要。对此，我荣幸之至，请了他的两位佣人和我九名佣人中留下来的两名忠实的佣人帮忙。我从上午九点干到下午四点，把斯快尔的东西搬到英国公使馆。

我也从安全线以内的一家外国商店购买了两打听装炼乳，四听水煮豆子，这些食品对于将要赖此度过两个月的两个成人和六个孩子来说，真是杯水车薪。

很多外国人都和我一样，手头都没有什么东西。然而，在我们所在的安全区域内，有几家装满大米、白面和其他粮食的大型粮店。我们的车子忙着把这些物资运送到使馆院子里面，由专人负责看管并按需要发放。

我们有了充足的粮食，这不但可以提供给外国人，也可发给 2000 多名难民、苦力和佣人，出于种种原因，他们自愿与我们同舟共济。我们还从粮店里运来磨盘，总共有 150 头骡子和马匹，建立了一个 10 头骡子功率的磨坊，它全天候工作以满足被围困人员的需求。

我整天忙于公使馆避难所的卫生工作并要照顾病患，没有时间写更多的日记，于是嘱托我 16 岁的儿子罗伯特代为记录。以下是他的日记内容，记录了被围困结束前我们的日常生活及相关事件。

在使馆区看到的路障和其他景点

1. 这座突出的建筑是英国公使馆，现在用于使团自卫的指挥部；2. 这座城墙横跨整个画面，是紫禁城的城墙；正文中讲述的克虏伯机枪被布置在此，射程可以覆盖整个使馆区；3. 围困时期作者的住处，他自己的住处被暴徒严重毁坏，无法居住；4. 美国公使馆屋顶（另一张图显示了公使馆的一景）；5. 俄国公使馆，另一个最重要的保卫使馆区的地方；6. 使馆区内河道上的桥河里的垃圾和杂物一览无余；7. 紫禁城里宫殿的屋顶和其他建筑高于城墙的部分，人们会注意到，尽管外国使馆区与皇宫严格分开，但其实距离并不远；8. “煤山”（今景山——译者注）顶部，站在紫禁城地面可以看到高出城墙的顶部，此山上有很多煤，是几个世纪积攒下来的，煤山上没有遮盖，既没有何时产生的权威说法，也没有为什么要延续下去的特殊原因，然而，就在最神圣的中国皇宫里，这座煤山占地数公顷，堆积得像图片中所显示的那么高，它被雨水冲刷，被冬天隆起的森林拱出缝隙；它就这么存在下去，就如同从古代而来。

6 月 21 日　大多数中国苦力和许多外国人被安排填充沙袋以加固公使馆薄弱的地方；妇女们用针线和少量的缝纫机在公使馆的院子里缝制数以千计的沙袋，共完成了 20000—25000 个沙袋。

比利时公使馆和卫理公会被纵火焚烧。荣禄的部队一直朝我们开火，但好在并没有人受伤。

据报道，庆亲王的部队向义和团开火，因为后者进攻海关大院和奥地利公使馆。后来此报道被证明并不属实。法国人从海关街被赶回法国公使馆的院子里。

中国士兵为占领柯伯恩先生的房子，纵火焚烧了后面的一处民宅。两处房子紧邻，风势很大，很难阻止火势烧到公使馆。经过两个小时的艰苦奋战，终于控制了火势。

作为哨兵，驻守在柯伯恩先生家房顶的海军陆战队队员看见中国士兵拿着沾满煤油的破布偷偷摸摸地靠近目标，然后点燃破布，但这些战士只能眼睁睁地看着他们纵火。

奥地利人、意大利人、德国人和日本人受到强烈火力的攻击，被迫来到英国公使馆。美国人也试图转移，但被击退。奥地利人和德国人再也无法夺回馆舍，意大利人和日本人只是暂短地回去了一下。23 日德国人回去的时候发现一个义和团俘虏找不到了。

10 点钟，英国公使馆北墙外有人纵火，后被扑灭，或者以为被扑灭。但下午又复燃，并烧毁了公使馆北侧的翰林院。大火与公使馆只相隔一个小院子，为避免火势蔓延，拆毁了院子里的一处房子。更为遗憾的是，为避免木活字助长火势蔓延，对公使馆造成威胁，成千上万的木活字都被丢进火中焚烧。每个木活字都是多年劳动的结晶，用于印刷对中国人来说是十分珍贵的书籍。大批的珍本书籍也在火焰中消失。夜里，公使馆派哨兵到翰林院，查看灰烬。鉴于这个地方具有重大的战略意义，会在这里设立路障和哨卡。

6月22日 海关大院和奥地利公使馆被焚，奥地利人继续待在法国公使馆帮忙。华俄道胜银行的后院和日本公使馆被焚，但日本公使馆的火势很快被扑灭。从城墙上发射的子弹击中了美国公使馆的门房，打断了旗杆，把房顶打开了一个大洞，但没有伤到人。

晚上7点，靠近北京饭店的一栋房子被烧，两名义和团团员被抓。当他们被发现时，扔下大刀试图逃跑。但还是被俘获，押回英国公使馆关押。

在贾腓力先生出色的管理下，加固防御的工作也在大力推进。他非常胜任负责这里的工作。作为英国人，尽管在他们自己的公使馆，知道这个地方是最后的避难所，但没有做一点加固工作，就像小孩子一样孤立无助。

6月24日 零点10分，中国士兵从各个方向密集射击，钟楼上敲起了警钟，通知有一轮大规模进攻。但经历了20分钟的异常嘈杂，几乎没有给公使馆造成什么损害，射击戛然而止，如同这次开始一样突然。后半夜相对安静。上午10点，公使馆墙外再次着火，那里连接着南马厩。公使馆守卫部队、妇女、苦力们排成一行传递水桶，终于将火扑灭。我们的马厩没有着火。经过大家的英勇努力，火被扑灭，着火的危险降低了。

德国和美国海军陆战队队员在位于他们各自公使馆南边

中国长城的一部分
在许多长城间隔处建造城楼

的城墙上建立了哨位，以阻止中国士兵携带重武器靠近并瞄准公使馆。他们三次被中国士兵的密集的子弹驱回，但他们坚持执行自己的任务，最终各自在城墙上夺取了一个哨位，德国人在东边，美国人在西边，两者相距六百码。

他们第二次进攻，美国人带着柯尔特机枪一直进攻到中方掩体前，杀死了数百中国士兵。第三次，美国人前进了几百码，然后突然折回，似乎惊慌失措。中国士兵冲出掩体，而这时，机枪响起来了，打死了60多个中国士兵。

从这以后，中国士兵的射击频密，使哨位难以防守。一块弹片击中科尔特机枪，另一块击中城墙，击落了机枪周边墙上的砖头，枪手米歇尔不得不放弃射击，把机枪拆开，从斜坡上滑下来，带回英国公使馆。

德国军官声称看到了发向西南部的火箭弹，他们认为是救援部队的信号。下午4点，可以听见城外沉闷的炮声，据称被认为是来自部队的。但两者都被证明是一厢情愿的想法。

美国海军金下士在华俄道胜银行被中国枪手杀害。美国兵营被焚烧，但幸运的是大火没有蔓延到公使馆。皇家海军陆战队何立德上尉被流弹击中，伤势严重。共有13个人被送进医院。

6月25日 被俘的一名义和团团员试图在夜间逃跑，早晨被枪决。与前夜一样，夜间中国士兵针对公使馆共有20分钟的火力进攻。

下午5点，中国士兵在北桥上贴出告示称，为保护公使们要求停火，声称要给我们传递信息。信息一直没有传递过来，但停止了几个小时的射击再次恢复。整个事件被认为是个阴谋，中国士兵希望通过这件事杀死在公使馆外的外国人。

美国人和德国人再次夺取哨位，开始在中国士兵的眼皮底下修建掩体。公使馆里的羊肉没有了，只好杀了一匹马吃，味道相当不错。我坚信，我们以前吃过这种马肉，用来代替真的牛肉。夜里看到了三枚大概是中国士兵发射的火箭弹。

6月26日 与以往的半夜不同，凌晨3点迎来了夜间娱乐项目——焰火。可以看到中国军队朝西北进发，据推测是护送慈禧太后前往颐和园。这时，炮弹距离我们越来越近，有几发落到了公使馆的院子里。我们在院子里的几个地方修建了“防空洞”，如果炮弹威力巨大，我们可以藏身避难。这些防空洞是大约6英尺深的壕沟，上面覆盖着木板和2到4英尺的泥土或沙袋。这些被认为可以有效防御炮弹轰炸。美国海军陆战队范宁中士被城墙上的中国枪手击毙。

6月27日 公使馆遭受了非常猛烈的炮火，大多数来自城墙上。一群初出茅庐的义和团团员从下向上攻击位于城墙

穿越长城进入蒙古之门——单向门

长城建于很多年之前，在平原和山谷里绵延上千英里，作为一道屏障用于抵御外族入侵。这些外族命里注定要穿越障碍，蹂躏和夺取现有政权，扶植自己的领袖。

哨位上的美国人。美国人用机枪扫射他们，打死 50 余人，其余溃散。

一名从天津附近赶来的中国士兵报告说，那边的义和团人很多。24 日三支部队离开天津向北京进发，一支来到北部，一支来到西部，一支来到东部。

6 月 28 日　没有重要消息。

6 月 29 日　早晨，中国士兵在公使馆最薄弱的南马厩发起进攻。短兵相接后他们被击退，在斯图尔茨上尉带领下，20 名英国海军陆战队队员冲出公使馆追杀中国士兵，杀死其中大部分，缴获了枪支和弹药。枪支大多是毛瑟枪和卡宾枪，被散发给公使馆内没有武器的人。斯图尔茨颈部受伤。后来，在雷上尉带领下，50 名志愿者出去缴获在肃王府附近的大炮[①]。那里的人使用大炮做出一些令

① 译者注：原文为 gun，按字面翻译为枪。但从上下文看，作者经常指大炮，特别是出动 50 人去夺取，因此这里翻译成大炮。

人不愉快的事情。然而，他们并没有找到，被迫返回。

这时，美国公使馆附近所有的民宅都因为要火烧美国公使馆而被焚烧，在这些房子的废墟中，躲藏着一些中国枪手，对任何试图穿过公使馆街道的人来说都极其危险。

6月30日 夜间，下起了暴雨，这是这个雨季的第一场。伴随着雷声，中国士兵从各个方向开火，震天动地的枪炮声、明晃晃的闪电和如注的暴雨所产生的奇幻景象令亲眼看见的人众生难忘。

7月1日 美国人和德国人被猛烈的火力压制，被迫离开城墙上的哨位。不久，美国人返回，但德国人没有。中国士兵在夜间保持安静，没有开枪。据推测是因为缺乏弹药。夜间，很多人说看到了探照灯，据推测是通州的部队使用的。看到的人说，先是闪了40次，停顿了一下，又闪了8次。他们推测，这是发给我们的某种信号，但结果是火光。海关人员瓦格纳先生在法国公使馆中弹遇难。

7月2日 夜里下雨，没有看到闪光信号（？）。

7月3日 中国士兵夜里在城墙上修建的掩体十分高，可以俯瞰我们的掩体；如果再高一点，就可以轻而易举地开枪击中我们的人了。现在的问题就是，要么向中国士兵的掩体发动一次突袭，要么我们自己撤离城墙。我们决定采取突袭。凌晨3点，在伸手不见五指的漆黑夜幕下，在梅耶斯上尉的带领下，15名美国海军陆战队队员，15名俄罗斯水手，25名英国海军陆战队队员静悄悄地越过美国掩体，兵分两路，从城墙两侧迅速接近中国士兵的掩体。他们一起大吼并把掩体团团围住，向惊恐的中国士兵开枪射击。中国士兵被这些洋鬼子的吼叫吓得惊慌失措，毫无抵抗之力，迅速往西退守朝前门方向的第二防守线。

在这次行动之前，梅耶斯上尉做了简短的战前动员，告诉大家夺取这个掩体的重要意义。“伙计们”，他说，“我们必须不惜任何代价夺取这个掩体，要不然我们就要撤离城墙。而一旦我们撤离城墙，公使馆里的男女老少就像案板上的羔羊，任中国士兵宰割。这是我们保卫自己的机会，希望每个人都尽职尽责。如果有人受伤，我们不能停下来，必须勇往直前，完成自己的任务。我们完成任务返回时再来照顾伤者。作为指挥官，如果我受伤了，英国默菲中士将接替我；如果默菲受伤了，美国人亨特下士将接替他。下面，大家准备好，当我发出命令时，大家和我一起突袭那个掩体。”他立刻下达了命令：“出发！”这次行动非常成功，我们占领了掩体，但失去了两个勇敢的美国小伙子：特纳和托马斯。梅上尉膝部受了重伤，英国人格里格雷下士脚部受伤。

7月4日 美国独立纪念日，但我们这里的枪声一整天像放炮一样不曾间断。外面的中国士兵想方设法要冲进来消灭我们。美国人唯一的纪念活动是斯快尔夫人给孩子们举办的聚会。

7月5日 英国公使馆的学生奥里芬特在翰林院里受伤，伤情严重。他下午3点去世，7点钟被埋在院子里的小墓地里。他生前受到大家的喜爱，他的遇难给所有人的心里留下阴影。昨晚10点、12点和今晨3点，中国士兵发起了三次进攻，敌人的弹药似乎不多了，因为他们更多地用老式的前膛大炮，较少使用毛瑟机枪。

7月6日　日本人发动了一次突袭，试图夺取一挺位于肃亲王府内对他们的掩体造成破坏的机枪。然而，很多民居里都有机枪射击，在三人受伤后，他们被迫无功而返。美国公使康格的房子被炮弹击中，损失严重。康格夫人此前曾在这间房子里短暂地停留过。

我们的信使顺着绳子从高高的城墙上滑下，他要向天津的军队报告我们令人绝望的处境。如果能够带着信件穿过敌人防线，他将得到1000块大洋。我们看到难以计数的人穿越水门[①]或者翻越城墙，但鲜有成功者。无疑，他们被抓并被处决。

白天，位于我们北侧的皇城墙上的大炮向我们发射了几个3磅和7磅的固体铁丸。到现在为止，除了在墙上砸了几个洞之外，没有造成其他伤害。他们使用的火药质量肯定不高。一枚火箭越过了麦当娜女士的餐厅。

长城之上的昆明湖[②]

7月7日　中国士兵对法国公使馆发动了两次进攻并被击退。他们迅速撤退，损失不大。在其中的一次进攻中，奥地利指挥官桑伯格上尉被击中心脏而殉职。

我们现在真的在吃马肉

① 译者注：水门是内城墙上的一个泄洪拱门，和护城河相连，可以直通公使馆驻地，平时称之为“水闸”。此时是干涸的，联军后来就由此进城。

② 译者注：这两处其实相距很远。

了。吃过的人告诉我们马肉味道鲜美，但我们的偏见还是延续了一段时间。我们首先试吃马肝，和一小片熏肉一起炸。我们很高兴它的味道与牛肝相似。然后我们试着做咖喱马肉吃，我们的马肉香肠也不错，很下饭。每天，我们每人可以分到一磅马肉。

当俄国人刚到天津时，带来了60发炮弹和大炮，但是只带着炮弹到北京，把大炮留给下一支部队。由于没有部队再来，炮弹就派不上用场。人们在想，如果能造出一门大炮，就能利用这些炮弹轰击中方的掩体。于是，美国的炮手米歇尔开始加工两个消防车上的气泵，同时，两个中国苦力在旧货店找到一门1860年的旧前膛大炮。由于这台大炮更合适，于是就把气泵废弃了。大炮被安放在从意大利弹药车上卸下来的两个轱辘上，现在这门大炮被戏称为"万国炮"：英国的炮身、放在意大利的架子上、使用俄国炮弹，而炮手是美国人，"万国炮"由此得名。

由于十分缺乏意大利一磅重炮弹，从附近民居中搜罗来的锡制器皿被融化制成炮弹。用过的弹药筒被重新装填。由于没有引信，他们使用旋转的弹药筒替代，尽管他们担心，所使用的较硬的金属会伤害炮膛，但一切正常。

中国士兵在城墙上方打了两个洞，在水门正上方搭建了一个平台，估计他们在次日晚上会安装大炮。大约晚上10点钟，他们开始炮击，但只是持续了几分钟。炮击之后的夜晚非常安静。

法国人和奥地利人声称听到了北京东南方向10公里左右的炮声，但后来被证明只是一厢情愿。大家都认为，援军根本就没有从天津出发，原因不明。

7月8日 星期日 城墙上的中国士兵开始向城墙上挪动武器，对准我们的掩体开火。第三炮没有瞄准好，打在了自己的掩体上，把大部分掩体炸飞了，于是他们被迫急忙修补。肃亲王府的主要建筑着火了，但并不严重。朝西发射的两枚炮弹打中了城墙，其中一枚击中了伯恩先生的房顶。晚间的攻击从9点45分开始，只持续了20分钟。

7月9日 早上，斯快尔先生派人进城查看情况。他下午回来报告说，首先，哈德门已经关闭多日；其次，南城没有中国军队；第三，荣禄的军队在守卫中华门，甘军很多士兵在皇城里和哈德门一带；第四，西四牌楼的商家照常营业；第五，皇帝和太后仍然在城里；第六，北京官报每天出版。今天只是偶尔的炮击，十分例外。

7月10日 上午，几发中国军队的炮弹在网球场上爆炸，穿越那里变得十分危险。

7月11日 派了信使带信试图穿过水门，但遭到中国哨兵枪击，信使被迫返回，安然无恙。

夜间，中国军队整夜都十分安静，其原因直到第二天早上才真相大白，他们在翰林院和马厩新建了两座高墙。

7月12日 中国军队全天都在炮击，炮弹来自城墙上的大炮，但我们损失甚小。早上，法国人缴获了一面白底黑字的旗子，下午米歇尔在翰林院缴获了一面大的黑旗。他登上中国军队的掩体，用沙袋打倒一名中国士兵后夺下旗子，虽然有5、6发子弹射向他，但他却毫发无损。

7月13日 法国海军陆战队抓获的一名中国俘虏供述说，皇帝和慈禧太后还住在皇宫里。端郡王、崇礼和董将军在负

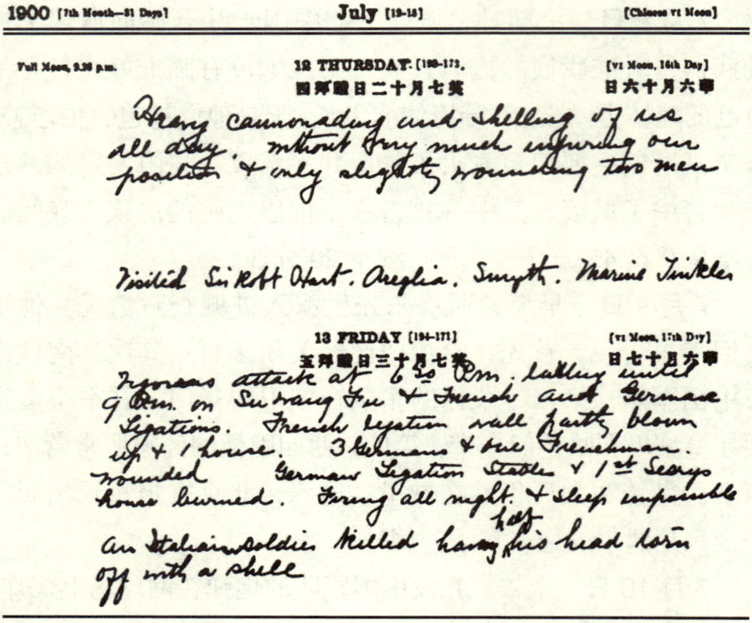
1900 [7th Month—31 Days]　　July [12-13]　　[Chinese vi Moon]

Full Moon, 9.26 p.m.　　12 THURSDAY [193-172]　　[vi Moon, 16th Day]

英七月十二日禮拜四　　華六月十六日

Heavy cannonading and shelling of us all day, without very much injuring our position & only slightly wounding two men

Visited Sir Robt Hart. Oreglia. Smyth. Marine Tinkler

13 FRIDAY [194-171]　　[vi Moon, 17th Day]

英七月十三日禮拜五　　華六月十七日

Chinese attack at 6.30 Am. lasting until 9 Am. on Su Wang Fu & French and German Legations. French Legation wall partly blown up & 1 house. 3 Germans & one Frenchman wounded. German Legation stable & 1st Secys house burned. Firing all night & sleep impossible

An Italian soldier killed having half his head torn off with a shell

作者部分日记

责对外事务。庆亲王并非他们的一分子。许多义和团员还在城里，他们的老板是端郡王。义和团员们在他的宫殿里集结、吃饭和领钱。

这些义和团团员被中国军队士兵所嘲笑，尽管他们声称自己刀枪不入，但却不敢在枪林弹雨中冲上前线。

董将军的部队在城墙上与我们面对面，沿着我们南边的防线一字排开。荣禄的部队位于法国公使馆的后面。他们的士兵每天都有几人死伤。俘虏说，他是受雇于人，每天 2 角 5 分钱，负责搬运和掩埋死尸。董福祥的部队在城里有 3000 人。

慈禧太后禁止清军使用大口径炮攻击我们，主要是为了避免伤害她的臣民和房子。

中国士兵对我们的阵地进攻失败了，我们的武器优于他们。他们于是决定饿死我们。两周前的消息说，在大沽的100艘军舰上的外国军队已经夺取了大沽要塞，占领了塘沽火车站对面的“东大沽”。天津市民听到此消息后十分恐慌。

从HUNGTING PARK运来的军火依旧。清政府每天照常发布诏书。北城的商铺照常营业，市场供应正常。四个“主要银行”停业。清军认为我们有数千军队，武器充足。战俘认为我们至少有两千人。

当然，以上并非官方消息，都是茶余饭后的街谈巷议，并不准确。

中国士兵认为我们人多的一个原因是，他们中的一些人其实是被他们自己的子弹打死的。他们瞄准太高，子弹越过我们的头顶，落入他们自己人当中。而他们把这些射击都归结于我们，认为我们兵力强大。

同日下午6:30，中国士兵在法国公使馆墙下引爆了一颗地雷，破坏了部分院墙和他们自己的工事，在第一次爆炸后4人被埋，后来一人被挖出；第二次爆炸又炸死一人。此后，中国士兵做了一次垂死挣扎的攻击，死了20人，法国海军陆战队死伤各3人。

法国公使馆一秘的房子被烧，公使销毁了所有文件以免落入中国士兵手中。

与此同时，对公使馆的射击开始，枪弹来自各个方向，历时45分钟，是我们经历过的最长一次。

肃亲王府是最火热的战场，义和团曾经一度考虑是否被

使馆街景致

图片左侧为法国公使馆，门前两旁的石狮子唯独在中国可见。街道整洁，也许是由外国人掌管，或者至少是受到外国的影响加以改进。

迫放弃[①]。

这时候，一支大约 200 人的中国部队向城墙街开发，在经过德国公使馆时没有受到阻拦。当他们抵达大桥时，一个美国海军陆战队队员从城墙上下来看到他们准备过桥。他向街上掩体里的四个同伴发了信号，他们开枪打死 30 余人。中国士兵于是折回，溃逃，在经过德国公使馆时，又遭到德国人的射击，被逼进俱乐部网球场，又有 18 人被打死。中国指挥官被海关志愿者斯泰勒上尉击毙。这场冲突中，两名德国人重伤，两名德国人轻伤。夜间，中国士兵零星的冷枪不断。

① 译者注：原文如此，猜测是义和团放弃。

7月14日 大量的小麦从靠近南桥的粮店运到英国公使馆，并被分配到院子里的几个仓库里。粮店附近发生了火灾，由于担心会烧毁粮食，所以产生了上述行动。泰斯贝里先生10日派出的信使很快返回，带回一个也许是庆亲王写的信件。很快大家都知道，来信的目的是邀请大家撤离公使馆、前往总理衙门寻求保护，全文翻译直到次日才公布出来。

7月15日 下午1点公布了下面的公告：

泰斯贝里先生7月10日派出的带着求助援军的信件的信使昨天返回。他是南堂[①]的门房。他说，他在哈德门外被捕，被带到卧佛寺，信件被拿走，人被打了80大板。然后被带到皇城里荣禄总部。他找到了一个姓于的人，此人以前认识他。那里的人给了他一封声称是庆亲王和其他人写给英国公使的信件，并告诉他，有人今晚会在水门外等待答复。信件翻译如下：

过去的10天，中国士兵和外国军人一直在打仗，我们之间缺乏沟通，令人担忧。不久前，我们举过牌子表达了我们的意向（指6月25日），但没有得到答复。与我们的期待相反，外国士兵继续发动进攻，在中国老百姓和士兵中引起警惕和猜疑。

昨天，中国部队俘获了一个叫作陈思海的人，从他口中得知，各国公使们安然无恙，我们对此感到宽慰。然而，有些未曾预料到的事情发生了——外国援军已经有很长时间被义和团阻止来京并被驱回。按照以前的协议，我们会护送你

① 译者注：原文是“Nan Vang（south cathedral）”，vang恐为作者拼写错误。

们阁下离开本市。天津到大沽口的路上有很多义和团，我们会为有可能发生的意外感到担忧。

现在，我们请求阁下首先携带家眷和相关人员分批离开公使馆。你们应该选择可靠的军官贴身保护你们。你们应该暂时住在总理衙门，等待安排你们回家，以保证自始至终你们和我们之间的良好关系。但在离开公使馆时，不要考虑让携带武器的士兵陪伴，以避免引起中国的百姓和士兵猜忌，以致发生不愉快的事件。

如果阁下信任我们，请联络其他公使，以明天中午为限，让原来的信使带来你们的答复，这样我们可以确定你们离开公使馆的时间。这是在目前众多困难面前，我们可以保持良好关系的唯一途径。如果在规定的时间里没有收到答复，即使我们再有诚意也无法帮助你们。致意。

庆亲王和其他人

农历六月十八日（1900年7月13日）

今天送出的答复代表外国外交人员婉拒了庆亲王邀请去总理衙门之事。答复指出，外国军队并没有主动发动进攻，其所作所为完全是为了保护自身安全而抗击中国军队进攻的防御措施。答复的结尾处称，如果中国政府希望谈判，他们必须派一个手拿白旗的负责官员来谈。

窦纳乐

人人都认为这个信件是伪造的。它并非来自庆亲王，而是甘军头领所为，大概是想引诱外国人走出公使馆然后杀死他们。

同日，下午3点，20名俄罗斯人和4名美国人向俄国公使馆西侧的房子发起了进攻，那里面有 60 名中国狙击手。到达城墙边时，他们发现找不到进院子的路。于是他们每人拿一块砖，一声令下，一起扔进院子，并大声喊叫和痛斥中国士兵。

中国士兵受此惊吓，逃之夭夭。进攻者不费一枪一弹便夺取了房子。这时，在其他地点的中国士兵开始向我们射击，持续了 10 分钟。

7 月 16 日 早上 7 点 在陪同莫理循博士和芝上校在肃王府巡视时，斯图尔茨上尉遭受狙击，身负重伤。莫理循博士腿部受伤，但伤势并不严重。斯图尔茨上尉昨天上午 11 点去世，下午 6 点下葬。美国海军陆战队队员菲舍同日遇害。

我们的处境实在令人同情，无论是美国人还是英国人都没有领导。梅耶斯上尉在 7 月 3 日的冲突中受伤而行动不便。斯图尔茨上尉已经去世。何立德是另外一个可能担任领导的英国上尉，但他三周前因受伤而落下残疾。窦纳乐虽然接管了领导权，却无法控制局面，没有得到法国人和德国人的认可。

昨天派出的信使回来时带回了四个人，他们在桥边等他。他给窦纳乐带回了荣禄的信件，和华盛顿发给康格的电报。荣禄的信件没有实质性内容。而那封电报，都是美国国务院的密码，因为被中国士兵删减而无法确定意思。于是，信使被派回，要求他带回电报全文。

7 月 17 日 信使返回，带回中国驻美国公使伍廷芳的电报，中间还包括一份美国国务卿的电报，内容是“把消息告诉送信人”。对此电报答复如下：“我们在枪林弹雨下的英国

四川提督宋庆
指挥了抗击外国联军的天津战役

公使馆已经坚守了一个月，如果不尽快援救，将被全部杀光。”

早晨，荣禄部队的一个士兵到德国领事馆投诚，索要治疗耳伤的药物。他说，荣禄命令士兵们停止射击，但不要撤离。他强烈要求要保护好外国人。

从凌晨开始，中国士兵就没有开枪，大概是担心外国军队已经靠近。中国政府希望通过表白自己无法控制义和团和甘军来保护自己。还有几名中国士兵向几个使团投降，尽管没人知道其中的原因。

7月18日 鉴于荣禄表达了愿意帮助外国人的愿望，公使馆派信使向他提出为妇女儿童提供新鲜蔬菜、鸡蛋和肉类等食物的要求。这个要求被接受了，他们已经向肃王府里的日本人和城墙上的美国人运送西瓜和桃子。城墙上中外士兵开始相互串门，亲切交谈。城里还有大量的义和团，特别是在南城，但中国军队已经不再和他们沆瀣一气。

日本公使6月30日派出的信使今天从天津返回说，一支

33000人组成的多国混合救援部队将从天津向北京进发。这支部队包括24000名日本士兵、4000名俄罗斯士兵、2000名英国士兵、1500名美国士兵、1500名法国士兵和300名德国士兵。

他报告说，他6月30日从哈德门出发乘船前往天津。7月5日到达后却无法进城，因为天津被中国部队包围了。他徘徊在几个城门之间，发现有张将军领导的一支中国军队驻扎在火车站北侧，与驻扎在火车站南侧的日本军队相互炮击。

马玉昆将军

宋庆手下的提督，也参与了抗击外国联军的天津战役

7月9日，张将军的部队被打败。信使12日乘机穿越日本军队的防线，把日本公使的信件交给了日本领事。

在天津期间，他得到如下消息：倪将军死亡；天津城内和周边的传教士均已离开回家；6月17日外国军队不费吹灰之力占领了大沽口。7月14日，外国军队经过两天的进攻占领了天津城。7月15日，信使从天津出发回北京，日本人陪伴他到“第二桥”。他从陆路抵

戈登大楼

在中国军队炮击天津时，妇女儿童躲在这栋建筑的地下室里。大楼是天津最漂亮和最有魅力的建筑，它与周边环境形成鲜明对比。

达北京。

他提到的其他事情包括：通州道台被安排暂居刑部。这件事在他抵达天津前发生。6 月底前后，他在天津就没有听到北京的新闻。

如果外国部队在来北京的路上发生战事，我们大约在 6 月 30 日找到他们。这也解释了为什么清政府目前迫切希望首都保持平静。他们在等待外国救援部队和中国部队在京津间的战斗结果。

如果我们的军队取得胜利，当然我们也会取得胜利，除非在数量上不占优势，那么政府会说，他们已经竭尽全力阻止战斗，但一直无法控制自己的部队。如果我们的军队战败，他们就会对我们外交人员下手，把我们一网打尽。现在，我们还有几天空闲。

公告：有关英国公使与“庆亲王和其他人”的通信摘要。

7月16日 中方对窦纳乐爵士15日的信给予答复，信中解释说，他们建议将领事馆里的人员转移到总理衙门是因为，如果外国人集中在一起而非分散各处，清政府可以更有效地提供保护。鉴于公使们并没有采纳这个意见，清政府将按照自己的职责竭尽全力保护目前分散的使馆人员，提供补给品，并继续努力阻止义和团开火。他们相信，外国公使也会抑制自己的军队开枪射击。

7月17日 上午 窦纳乐爵士答复说，外国军队一直遵循自卫原则，也将继续遵循。但中方必须明白，以往的交火已经导致双方失去信任，如果中方再建立路障或者派兵到公使馆附近，外国卫兵只能被迫还击。

天津商业街

这些商人处理了大量的交易，但他们的货物非常少。以西方眼光来看，他们的交易实在毫不起眼，也难以置信。

7月17日 下午 中方答复，通过回顾形势，把目前敌对的局面归结于领事馆卫兵的进攻。他们对双方同意停火

天津街景

感到满意，但提出，由于外国军队一直从前门以东的城墙的哨位上射击，建议他们从那里迁移。

7月18日 中午 窦纳乐爵士从外国人的角度对形势进行回顾。6月19日，总理衙门照会使团要求他们离开北京。使馆答复没有交通工具。总理衙门答复延期转移。但是，第二天，清军就向使团开火，并且从此连绵不断。这种当事国军队向使团开枪的事情在世界各国历史上闻所未闻。他将此归结于6月25日的公告板事件。在虎视眈眈的停火期间，由于部队的自由行动所导致。在做好充分准备后，重新进攻变得简单了。他希望逐步建立互信。

7月19日 全天安谧。双方休战。中国士兵带来大约250个鸡蛋来卖。总理衙门再次送信要求公使们离开此地前往天津。

7月20日 从中方得到了前几个月的北京公报（Gazette）。其中包括的翻译后的上谕将在以后的章节中提到。对昨天总理衙门的要求，公使答复说，鉴于城外的义和团多如牛毛，公使们对路上的安全没有信心。总理衙门送来四车西瓜以示友好（？）。除了义和团从南城向我们在城墙上面的士兵零星开枪外，全天没有战火。

7月24日 日本公使馆二秘楢原清晨死于伤口感染引起的破伤风。

同日晚七点，收到芝上校发来如下信息："今天下午来到掩体里的一个中国佬说，本月17日，杨村被外国人占领，19日在那周围发生激战。大约150名董福祥部队的伤兵已经被运送到北京。当伤兵启程时，外国军队位于距离杨村这一侧40里路。"

7月26日 芝上校报告说，一个中国士兵说，24日11点，在河西务（天津到北京一半的路上）以南30里路的地方，张将军的部队受到外国军队攻击，半夜被迫撤回到河西务。昨天上午，河西务受到攻击，中国军队损失惨重，撤退到河西务以北10里地的地方。昨天早上6点，外国军队4800人带着9门大炮离开北京前往河西务。

7月18日，停战开始后，荣禄的部队就在观望，并且很忍耐没有射击。但那些在北面城墙上面对我们的部队和在公使馆西面的部队会狙击我们。他们是董福祥的部队。

7月25日，离开我们8天、携带公函给荣禄的信使今天返回。他说，他把信送到荣禄府上后被关了7天。荣禄天天上朝，皇帝和慈禧还在城里。义和团成群结队在街上巡逻。

四天前，一个衣衫褴褛、外形狼狈的外国人被董福祥的人带到荣禄那里。他中等身材，金黄色胡须，讲中文。（这要提及叫作奈瑟特嘉德的瑞典人，说点不敬的话，他离开公使馆投奔中国士兵）他说他出来是为了找吃的。与此同时，义和团集结在荣禄家周围索要这个外国人。但在卫兵的押送下，荣禄把他送到顺天府衙门以得到安全看管。

7月4日，我们派到天津的信差今天带着英国驻天津总领事的信返回，信件内容如下：

7月4日信悉。已有24000名士兵登陆，10000名已经到达这里。盖斯利将军明天将抵达大沽。俄国军队在北仓。天津处于外国统治之下。这里的义和团的力量风起云涌。大批军队已经上路，如果你们能够保证食品供应，援军指日可待。几乎所有的妇女都离开了天津。

贾礼士（签名）

7月22日

（7月4日的信件描述了迄今为止的围困细节、死伤的人数，以及从6月20日起，中国军队向公使馆院内持续射击和我们的窘境。）

英国领事的这个答复引起了所有被围困人员的愤慨。尽管我们派出很多批信差，但直到这封回信前，几乎无法从外界得到一个字，即使有的信差突破封锁线得到一封信（即使是官员的回信），但也无法得到关于援救我们的内容。

以下是信差的故事。林武元（译音），16岁，山东人，住在北京，今天早上从天津抵达北京。他7月4日夜里化装成叫花子，携带一封信去天津。他顺着一根绳索溜下城墙，沿着护城河前行，在城门洞里露宿。次日早上穿过永定门，没费太大周折，就前往马家堡车站。

他在那里一无所获，于是前往通州，沿着大路走到天津。

在靠近河西务的一个村子里，他被拦截下来，干了8天的活。他7月18日到达天津，在通往城墙的PEIVING MEN遇到英国军队，这里距离天津城区半英里。

他把信交给一个穿便装、说汉语的外国人。7月22日，他被带到英国领事馆，人家给了他一封信。他又被送到位于红桥（HUNGCHIAN）的外国军队岗哨（红桥横跨保定府河，在天津城西半英里）。

7月23日 他离开红桥，很快就遇到中国部队。那天晚上，他在红桥附近的杨村一个机车锅炉里过夜。那座桥保存完好。那天他只看到中国的步兵部队，其主力部队在北仓；没有看到义和团。7月24日晚，他在河西务过夜。看见少许士兵，没有义和团。7月25日晚，他在马头过夜，那天他在村里看到有少许的义和团，路上没有。

在马头和其他地方，他看到洪水泛滥，少数船只在水中航行，多数停泊在岸边。7月26日，一切都很平静，他在YUCHIWEI过夜，这里距离北京20里。

7月27日 上午10点 他穿过北京南城的东门，沙窝门，发现路况不错，但路旁的电线和电线杆不见踪影；各处的铁路被毁坏，铁轨被埋或者被义和团用于铸剑。

在沙窝门有很多义和团和董福祥的部队，但他没有受到盘查。他不费周折地来到哈德门，大门紧闭。他又走到水门，那里戒备森严，白天很难通过。他昨晚在前门附近小睡后沿着护城河慢慢走，天亮前不费周折进入水门。

他说，通往天津的大路路况不错，各地的庄稼也长势喜人。农民下地干活，但每村都有一个义和团组织。他离开天津时，

被俄军破坏的哈德门

从城墙的这个角度可以看到城墙的顶端和宽度。上图展示了城墙的高度和外形。左侧是护城河和里面的死水、堆积的垃圾。在护城河转弯城墙拐角处可以看到拖车和大篷车。可以看到城墙上的小屋子，或者是要塞。右侧稍大的建筑显示出城门所在。墙基是开采加工后的石头，城墙由城砖砌成。

外国军队还没有抵达天津的防护墙——僧格林沁的“傻墙”。这是这位将军1860年建造的用于抵抗英法联军的防护墙，距离天津城区半英里到一英里，但却没有发挥作用（所以被叫作“傻墙”）。天津的衙门大都被外国军队占领，主要是日本军队。天津的义和团都离开前线，因为他们在战斗中损兵折将，遭到中国军队的鄙视。中国军队聚集在天津西北8英里的北仓。信差在天津遇到外国军队的哨兵时，兜里有一块钱。他们帮他解脱了他的惦记，说：“省得他丢了。”

芝上校的信差提供了如下战斗信息：

蔡村战斗：7月24日下午1点到半夜12点；

河西务战斗：7月25日上午10点到下午3点；

安平战斗：7月26日下午3点到6点；

中国军队7月27日准时从马头撤退。

7月29日 来自各方面的消息称：26日凌晨3点到12点，外国军队从安平前往马头，27日白天被中国军队打回安平。

三个国家的军队在安平。中国军队军火短缺。南方的运米船落入外国军队手中。俄罗斯军队向张家口进发（消息来自一个在昌平州的人，那里位于长城以南18英里）。

7月29日 据报，两三天前，外国军队彻底摧毁了杨村，并且步步为营。慈禧太后要求董福祥和荣禄派兵护送她去陕西省府西安。他们没有同意，却要求李秉衡剿灭洋人。李被传唤到场，并开始攻打北仓。夜间，在北桥上修建了一个坚固的掩体，200多名义和团占据掩体开始射击。

7月30日 昨天夜里8点，中国军队信使离开了张家湾。他报告说，从凌晨3点到晚上8点有不规则的枪声。中方伤亡惨重。外国军队昨天早上8点抵达马头。中方退守到张家湾。他们的兵力有一万人，从前门运了三门加农炮到前线。义和团继续在北堂的战斗。从北部射过来的子弹来自200多名义和团团员，他们手里只有13支来福枪。慈禧太后共有300辆车子，董福祥有100辆车子，准备西行。出发日期保密。董福祥的第四个儿子带着500人的部队已经到达西行路上的良乡。（此消息由董福祥的保镖提供，他经常向我们军队信使报告。）

同日晚7点30分　昨天早晨，杉先生派遣外面的两名苦力去通州探寻有关外国军队的消息。他们今晚返回，报告说，通州的人证实，昨天中外军队在马头以南交火。他们还说，看见一个楂楂屯（通州以东八英里）人，他说，外国军队已经抵达那里解救天主教徒，距离堑壕一英里左右，信件已经交换。

北京的城门，除了哈德门和平则门都马上要关闭，门两旁摆满了石头和沙子。北堂战役中很多义和团团员被打死。马将军的12个团将开赴张家湾。

我们托这两个苦力带给部队指挥官各一封短信，并付给酬金，要求他们明晚带回答复。部队一定离我们很近了，我们盼望在两天之内可以看到他们。

7月31日　今晨4:30中国军队的信使从战场上返回。他报告说，从董福祥的一个保镖那里听说了一些情况，这个保镖曾经给我们带来了外国军队在杨村活动的情况，外国军队从马头前进，战斗从29日晚上8:00开始，他们昨天晚上8点抵达。中国军队位于通州以南5英里。

8月1日　今天收到芝上校上月26日从天津发来的如下信件：

“22日函悉。因运输困难，部队从天津出发的时间延迟了。两三天内会开始前进。到达北京的日子定下后，会尽快再写信。”

收到一封来自伦敦多少有些破损的但是权威的信件。信上没有时间，但大概是7月21日至24日期间发出的。此信是关于日本公使6月29日写的一封信和7月18日美国公使

在城墙外休憩的商队

你也许会以为，这张图片展示的是《圣经》时代的巴勒斯坦或埃及。时光荏苒，中国却变化不大。外界的侵略也没有造成影响。图中显示的是来自中亚的商队，在城墙外休憩等待放行。骆驼身上的货物被放下，让它们休息一下。

的一封电报，据推断，18 日北京的形势已经众所皆知。信中还提到，经过激烈的战斗，本月 15 日中国军队在天津被打垮，安排援救我们的事情已经加快步伐。信中进一步询问，中国政府是否保护我们并提供粮食?

今天中方只送来很少的粮食。从北桥和蒙古市场传来散乱的枪声持续不断。以前曾经带来军队动向谣言的信使说，外国部队已经从张家湾被赶回安平。我们收到一封从天津寄来的信件证明，他是一个彻头彻尾的骗子，今后不会再相信他了。令人十分失望的是，在得知救援部队将在两天内抵达后，现在又得知他们根本就没有出发，也没有确定启程日期。

信使的故事编得很圆滑，并且与日本公使18日收到的信件一样被大家所相信。因为我们对援军的动向毫无信息（英国领事的信件只字未提），我们不得不相信那个中国佬，只要他能拿到钱，他就会给我们瞎编各种谎言。

8月2日　从天津发来的各种信件摘录：E.B. 德鲁先生7月28日致罗伯特·赫特爵士信："21日电报收悉。不要丧失勇气。救援物资会很快送到。大批部队会赶到。敌人在北仓。日本人和俄罗斯人在前线。干旱少雨，长江流域的人民躁动不安。禄和张在试图维持秩序。李鸿章在上海，是否能来直隶尚不得知。天津由外国联合委员会掌管。满洲里排外势头高涨。那里的俄国人忙得不可开交。牛镇被极度骚扰。美国和德国各派15000人，意大利派5000人到广东西江。宜昌威胁。热切期盼去救援你们所有人。"

罗里致罗里夫人信，7月30日："信使上周五从北京带来新闻……美军第九和第十四军团到达天津。在大沽口的第六骑兵部队正在北上。北仓今早爆发战斗。这里一切平静。今天得到消息，义和团在遵化、山海关和其他很多地方杀害基督徒。俄罗斯人和中国军队在清河发生战斗。天津到处都是外国军队，而且还在不断涌进。天津和大沽的铁路开通。许多妇孺通过罗岗被送到美国。北戴河的财产被毁坏。"

打包准备运往俄罗斯的茶叶

从图中可以看到所产茶叶数量之大，还有包装的方式

拉斯代尔领事7月28日致信康纳先生："曾经对再见到你不抱希望。前景不好。我们这边炮击30天，9天围困，情况不能再坏了。没有一间房子能够逃过轰炸。当然，在家里还是很高兴的。我们祈祷你们尽快来救援。先遣部队也许明天到达。"

来自美军第41步兵部队陆军上校马勒瑞的来信："大约10000人的部队准备向北京进发；后面还有更多的兵力。上帝保佑他们会及时到达。"

沃伦上校致信梅耶斯上尉："从6月21日开始就一直试图和您联系，6月23日解救了外国人定居点；24日解救了西摩；26日占领了东军火库；7月10日占领了西军火库；7月14日占领天津城；两天内进发。万人纵队，势力强大，包括英国、美国和日本部队。还有4万人将在两天内进发。无论如何要抵抗住，第一纵队将要驱逐你们周边的敌人。美国步兵部队共有8个兵团、3个骑兵兵团、两个炮兵兵团和500名海军陆战队队员。步兵兵团会在第一纵队。敌方从杨村向北开掘了17英里的壕沟，并且继续向北开掘。"

海关的志愿者在英国公使馆西南边的蒙古市场里占据了有利地形。

8月3日　从总理衙门得到另外一封信，要求我们尽快离开公使馆前往天津。中方特别焦急地希望我们尽快离开北京，也许他们认为，我们一旦离开北京，外国军队就没有理由进犯，在天津就心安理得地把事情解决了。

8月4日　枪炮密集。两名俄国人在修建工事时负伤，其中一名在夜间去世。

8月6日　凌晨1点响起激烈枪声，要不然，这一天还算平静。在停战后的头几天枪声稀稀落落，现在又逐渐恢复到停战前的水平，每天晚上都有进攻的枪声了。

8月8日　公使们收到总理衙门的公函称："根据8月7日圣谕，着李鸿章为全权大臣处理各国事务。"

芝上校报告说，外面有个中国苦力进来说，北京所有的部队，除了荣禄的五个营，都已经和即将被紧急派往迎战外国军队。但他不知道外国军队在哪里。他说，另有5万外国军队登陆大沽口。

8月9日 董福祥部队狙击手整天射击，特别是来自蒙古市场的海关位置的射击。这个地方曾经几次被设置在紧靠公使馆西墙的胸墙上的机关枪打哑。荣禄的部队没有开枪。

李鸿章

中国最伟大的总督

8月10日 凌晨3点开始，四面八方响起激烈的枪声。派出去迎接部队的信使返回，带回英国军队总司令盖斯利将军和福岛将军的信件。盖斯利将军的来信落款时间为8月9日，地点为蔡村南："联军精锐部队在前进，两次挫败敌军。请保持高昂斗志。"

以下是福岛将军写给芝上校的信："8月8日，在南蔡村以北2公里的张江露营，1900名日军和美军本月5日在北仓附近击败敌军，6日占领杨村。由美、英、俄、日组成的联军今天离开杨村，在北上途中，今早八点在南蔡村收到你的来信。从来信中得知，北京的外交使团正在坚守阵地，令人欣慰。请你相信我，我们全体都十分迫切地希望赶到北京，让你们脱离险境。除非有意外，联军部队将于9日到达河西务，10日到达马头，11日到达张家湾，12日到达通州，13日或者14日到达北京。”

信使讲述了下面的故事。8月6日他取道通州，发现家人被义和团杀害。7日他看到整船的中国伤兵败将。在蔡村他看到了联军的先头部队。8日晚上，他随中间部队前往庄场。9日，周四早上，他随这支部队出发，该部队预计晚上到达河西务，他离开他们向西前往北京。队伍中有少数几个中国雇员。他们有很多驮畜，大部分由日本人牵引。他看到一群俄国人，数百名骑在马上的黑色人或者是孟加拉枪骑兵，他们用矛指着他，对他开玩笑。他问他们到北京还有几天，答案是5到6天。鉴于中国士兵的抵抗并不顽强，他们也就一路推进。

以下是美国驻芝罘总领事致美国公使康格的信：“所有通往芝罘以北的联络都要经过这间办公室。到现在为止，除了陆军和海军，还没有美国人遇难，天津以南的财产损失不大。所有的冲突只局限在北京和大沽。高层官员在尽力维持秩序。各国重兵集结大沽。”

8月12日　全天炮火密集。

8月13日　由于中国军队似乎在援军到达之前要垂死挣扎，将我们置于死地，最猛烈的炮火可能来自蒙古市场，我们所有的炮兵部队都被调集到那里以对付中国军队。

同日下午4点，衙门传话，如果我们能够停止射击，他们理所当然也会停止射击。尽管他们曾经整天开枪并发动过围困时期最猛烈的进攻，但在5小时后双方还是达成停火协议。

凌晨4点半，由于整夜的、迄今为止最为激烈的炮火而彻夜不眠，我还是被梆梆梆的机关枪有节奏的枪声惊醒。我知道中国军队没有这种武器，而我们自己的科尔特机枪被放在英国公使馆门外，以阻止在英国公使馆和肃亲王府之间的护城河上发生的突袭，我立刻明白，这个将结束我们围困生活的最终行动终于开始了。

我抓住双筒猎枪从刚才摔倒的地方爬起来，走到公使馆的小教堂前。此时，我听到通州方向雷鸣般的枪声。情况很清楚了，救援部队兵临城下，与中国军队交上火了。机枪是他们的，不是我们的。

我在过道上跪下，感谢上帝派来救援部队，然后站起来，对那些在屋子里的人兴奋地大喊着，哇哦，这声音太美妙了。我是否应该忘记这悦耳的声音？它们消失时我是多么焦虑，而它们再次出现时我又是多么高兴啊！

进攻我们的中国军队也听到救援部队的枪声，他们放慢射击倾听。他们只是放慢了一会儿然后又继续射击，他们已经射击一整天了。

可怜的米歇尔，勇敢的美国枪手，夜间胳膊中弹受伤，子弹来自蒙古市场，但他冷笑着说："噢，你们现在可以继续发火箭，但过不了多长时间，你们就会鸦雀无声。"

大约4点，城墙上的美国人看见身穿外国军服的人就在他们对面。当美国和日本部队进攻连接通州的北门（东直门，东北）时，英国部队发现沙窝门（广渠门，东）无人看守，在我们建议信的指引下，他们加快速度直达水门，在城墙上美国哨位的最东边的下面。锡克人潮水般涌向城门，并破门而入。冲破了天空的欢呼声，告诉在房间里和医院里的人，围困结束了。

锡克警察

图中展示的是东印度人和中国士兵。在中国士兵中间的锡克警察赫然像个巨人。

当救援部队冲入英国公使馆时，法国妇女奎利尔夫人被毛瑟枪子弹击中大腿，伤势严重但并不危及生命。她是在围困期间第一个受伤的女士。

下表是在围困期间死伤和因病致死的官员和普通人。

国籍	数目		被杀或死于受伤		受伤		意外事故的百分比			死于疾病		志愿者和独立人士		总数	
	官员	普通人	官员	普通人	官员	普通人	被杀	受伤	总数	官员	普通人	被杀	受伤	被杀	受伤
美国	3	53	0	7	2	8	12.5	17.8	30.3	0	0	0	1	7	11
澳大利亚	5	30	1	3	3	8	11.4	37.4	42.8	0	0	0	0	4	11
英国	3	79	1	2	2	18	3.7	24.4	28.1	0	0	3	6	6	26
法国	3	45	2	9	0	37	22.9	77.1	100.0	0	0	2	6	13	43
德国	1	50	0	12	0	15	23.5	31.4	54.9	0	0	1*	1^	13	16
日本	1	24	0	5	0	21	20.0	84.0	104.0	0	0	5%	8	10	29
俄罗斯	2	79	0	4	1	18	4.9	23.9	28.3	0	2#	1	1	7	20
意大利	1	28	0	7	1	11	24.1	41.4	65.5	00	0	7	12		
总数	19	388	4	49	9	126	13.1	35.6	48.7	0	2	12	23	67	168

*克林德；%包括 BALO 上尉；^科德先生；#公使馆的哥萨克人。

第六章

围困期间的感想、事件和备忘录

围困生活的一个最引人注目效果

王先生

美国公使康格的大管家

朋友间多年建立起来的友谊因为围困消失，和以前有分歧的人因为围困建立起友谊，这个对比令人很感兴趣。这种事情也许是这样发生的：当他照看一个生病的小孩，或是家里的病人，家里已经揭不开锅，当他向一个家财万贯的人乞讨一听牛奶、一盒汤或者其他食物，如果遭到断然拒绝说他自己家里也没有余粮，那么友谊的小船说翻就翻了。

同样的情况是，当某人向有权有势的人询问，他要把一个病人，他们共同的朋友转移到安全地方，但转移到什么地方呢？他得到的答复是，“如果你接近这个病人，那你离我远些；

你想对他做什么都行，但是不要靠近我和我的人。”“但你有什么建议呢？”这个人坚持向他的上级和以前的朋友追问。“无可奉告。”“那把他留下等死、被敌人俘获，把他放在哪里呢？”“与我无关。”这个冷血的回答摧毁了他们20年来业已存在的友谊。

华北妇女

中国上层妇女的照片很难弄到。这位女士的这件带有精致刺绣的华丽披肩、踩在高底鞋上的三寸金莲、尊贵的神态、左手中指和无名指上的指套和长指甲，都证明她是中国“百里挑一”的美人。

从敌营里的俘虏和逃兵那里得到的各种谣言对乐观的人和悲观的人所产生的不同效果也很值得研究。

乐观人士认为，我们的敌人士气低落，军火匮乏，内部自相残杀，故意向天空开火，不想伤害我们；救援部队已经很近了，炮火的闪光是搜寻我们朋友的探照灯光。

悲观人士认为，各国部队之间自相残杀阻止了救援，以至于各国都没有剩余力量来救援了；他们鄙视出现探照灯光的想法，认为使馆各部门的人都精疲力尽了；他们看到每晚敌人都在修建路障。

你要承认，世界上有 11 个国家，在援救他们自己的外交

北京美女

也许你看了这张照片后就不会再惊讶，为什么一个外国人会选中国女孩做妻子。这张照片证明，中国女孩很有魅力。她的服饰和周边的布署都十分精致。

官及其家属和国民时，在仅仅8英里外的军舰上的军队被阻止或者袖手旁观长达两个月，要知道如果采取进一步行动是需要批准的。

在围困之前，我听美国公使说过，如果义和团捣毁北京至汉口的卢汉铁路上任何一座车站，两周内会有俄罗斯军队派兵保护车站。然而，据报道，当整个卢汉铁路和京津铁路被捣毁后，15000名俄罗斯士兵去过旅顺，却没有一个士兵到达北京。从我们的瞭望孔里仍然可以看到，义和团吹喇叭，打枪，没完没了，让我们彻夜烦躁不安。

那些自以为万事通的外国公使们还告诉我们，如果日本领事馆里有一个人受伤，日本会派50000人进攻北京。然而，

中国男士用鸦片烟招待朋友

北京私人客厅一角

他们的二等和三等秘书被杀，卫兵几乎被消灭，但连一个日本兵的影子也没见到。

梅耶斯上尉再次向我们保证，美军可轻而易举地从菲律宾抽调 10000 名士兵，最晚两周后可以抵达北京。但到现在两个月都过去了，毫无结果。

从整体上看，抵御围困表现最佳的是传教士，他们所处的地方更为拥挤。所有的美国传教士被迫挤入英国公使馆的小教堂，那里的确人满为患，而英国的传教士则占领了英国一等秘书的一部分住所。

美国传教士分为两摊儿，长老教会会员和卫理公会会员吃饭是一个时间，而占大多数的公理会会员吃饭则是另外一个时间。他们随身带来了罐头商店里的大量食品，但每天还要从军需部门领取大米和碾碎的麦粒。

各国公使们向北京的三家商店的老板、吉路甫有限公司的麦瑟尔、安派克和夏默作出承诺，如果他们把食品通过传教士发给所需要的人士，他们会保证货源。这件事立刻委任一个传教士的机构负责。

北京外城南部城墙

此图显示古代北京庞大的防御工事和肮脏的环境。在护城河对岸可以看到满人村落散乱的房子。最显眼的是成片的污水和成堆的垃圾。

很多被围困的人都养有矮种马和骡子，都交给一个由麦瑟尔、德菱、阿拉迪斯和布雷泽尔等组成的小组来负责。他们负责每天杀1—2头牲口，每个外国人都能分到半磅肉。起初很多人都无法接受马肉和骡子肉的味道，但经过几周围困生活之后，很少有人会放弃他们的配给了。

每天会有一个医生负责检查，并颁发合格证书，才允许屠宰者把肉发给大家。英国皇家海军陆战队队员威廉·贝特入伍前曾当过屠夫，他为大家提供的服务非常重要。

而中国苦力只能喝些用牲口骨头、头和内脏熬的汤。马或者骡子身上的东西没有一点浪费。

去年5月参加北京春季赛马会的矮种马今天成了我们的盘中餐。大家认为骡子的肉比马肉可口，对此我完全同意。我们的院子里只有一头驴，谁都没有尝过驴肉的味道。但中国人向我们保证，驴肉比大牲口的肉香。

院子里的老牛变得瘦骨伶仃，被杀掉给大家充饥。几天

船屋

这种带房子的船在中国的内河上行驶，不少人家一生都在船上度过，有些过得很惬意。

后钟楼告示栏里贴出一张告示：所有的妇孺可申领牛肉，男性伤病员凭医生证明申领。

事实上，每个人都想分一杯羹，尝尝新鲜牛肉的滋味，换换每天吃马肉的口味。但结果令人失望，牛老肉硬，比配给供应的马肉和骡子肉差得太远了。

我们所支持的教民在肃王府里待了数周，仅仅依靠碎麦粒熬粥维生，他们祈求能够弄到一些来自城区的狗但遭到了拒绝。

第七章

围困期间俄国人的工作——美国人的工作

袁昶

因与外国人议和，1900 年 7 月 28 日被斩首。

俄罗斯使馆位于使馆街北侧，美国使馆的正对面，在自南向北从城墙流向皇城墙的护城河以西 150 码，在英国使馆与肃王府之间。实际上，它位于英国使馆的正南，被一条有很多商铺的小街隔开。

在宣布进入围困状态后，使馆卫兵占领了这条街道，赶走居民，在街道两端设卡，使得从美国海军陆战队占据的城墙哨所经过美国使馆，穿越也设卡的使馆街，路过俄罗斯使馆到达英国使馆可以安全行走。这对保护我们的安全非常必要，确保美国和俄罗斯海军陆战队在他们的哨卡守不住时可以安全撤离到英国使馆。

在围困初期，以下人员住在俄国使馆：特命全权大使吉尔斯，他的妻子、女儿和儿子，管家艾迪特·米勒小姐；一秘葛路庞斯基；二秘艾芙雷诺；翻译波泊夫，波泊夫夫人和五个女儿；第二翻译科洛索夫；实习翻译贝尔琴科和沃尔夫；外科医生科萨科夫，他的妻子和女儿；邮电局局长戈莫洛亚夫，邮电局职员 A. 波里扬诺夫，神父阿齐曼德雷特、亚伯拉罕、巴塞尔，基督教教徒奥斯莫夫和彼时基莫夫先生，以上是使馆人员。

俄国公使与使馆职员及其家眷

还有来自华俄道胜银行的人员，他们是：负责中国和日本业务的经理伯克地洛夫和妻子；波兹第聂夫，妻子和孩子；

巴比尔，妻子和孩子；提托夫；出纳员维哈法赫特；记账员瓦维尔；布莱克曼、米兰尼、亚历山大诺夫、瓦西里耶夫、布朗兹和科勒先生；京师大学堂的俄文教授鲍德温先生。

俄罗斯的卫兵来自那瓦雷因号和西索尔号战舰上的水手，人数达到 72 人，指挥官是海军上尉拜荣和海军中尉卡尔和 7 名哥萨克士兵。

正在度假的罗伯莱维斯基上校也住在俄罗斯使馆里，与拜荣轮流担当军队指挥官。罗伯莱维斯基上校隶属第九步兵

华俄道胜银行志愿者

这张照片并非在北京被围困期间所摄，那时他们有其他事情要做；这也不是在围困使馆之后拍摄的。他们是否会感到高兴和自由是个问题。右手那位坐在椅子上的先生已经与世长辞了，他是在一次与义和团的遭遇战中被杀害的。那次苦战中有几个人被打死，义和团带走了他的遗体。

旅，驻扎在旅顺。

在英国使馆服务的华俄道胜银行的部分职员在斯特劳斯上校去世前，一直听命于他，而后是受窦纳乐指挥。窦纳乐被假设是指挥官，但是否发挥作用不知道。而科罗潘斯基、埃维雷诺、科洛索夫、贝尔钦科、科萨科夫博士和鲍罗德温先生组成志愿者队伍，在整个围困期间一直待在使馆，并非像所说那样在英国使馆成为国际志愿者的一部分。

在守卫使馆街西端入口、西北方向的蒙古市场、城墙上与美国海军陆战队相连的各种哨卡、路障中，俄罗斯志愿者表现出色。

俄罗斯海军战士与美国海军陆战队队员很快就打成一片。他们很高兴自己的工作不需要和英国水手打交道，因为他们对英国人天生反感。两个民族并没有什么芥蒂，也没有什么死结，他们双方都喜欢保持距离。

俄罗斯水手比其他被围困的人所干的体力活都多。美国人、英国人、法国人、意大利人等都对中国教徒帮助他们修建所有的路障感到满意，这些工作在传教士或者翻译的指导下完成。而俄罗斯海军则积极参加进来，也是在他人的指导下，独自完成所有的路障工作。

他们的指挥官雷登评论说，他刚来时，这些人都是刚刚入伍不久的地地道道的农民，没打过仗也没摆弄过来复枪；然而在围困后炮火连天的洗礼之下，跟着训练有素的美国海军陆战队队员待了几周后，他们成长迅速。他说，在围困接近尾声时，这些人也变得沉着冷静、训练有素了。

俄罗斯海军派出小分队随同美国海军陆战队前往南堂协

助解救300名中国教徒。他们杀死70名义和团团员，活捉10名俘虏交给中国政府惩戒。但中国政府非但没有惩戒，反而嘉奖了他们。

这10个暴徒被关在使馆监狱时，有个人挣脱了捆绑并试图帮助其他人越狱。当被发现后，犯人用砖头袭击警卫试图逃跑，结果一人被击毙，其他人重新被囚禁。

在使馆街西端，董福祥军队多次发起猛烈进攻，俄罗斯海军战士表现勇猛，和美国海军陆战队并肩作战，多次打退甘军的进攻。甘军屡战屡败，失去信心，转攻为守，在掩体后面打冷枪。

甘军这些可怜的神枪手射击一千发也打不中一次，而俄军总体的伤亡，不过是4死18伤。

甘军前哨部队控制着整个蒙古市场，俯瞰英国使馆西南墙，他们独自控制了这个区域直到8月5日，那时，猛烈的炮击已经停止数周了，斯特劳斯上尉在蒙古市场最北端占领了一个新的位置，从另外一个角度吸引了狙击手的火力。

在围困的早期，中国人在前门上安装了克虏伯大炮，从这个有利地位能够猛烈轰击公使官邸和使馆的其他建筑；但他们的准性很差，炮弹不仅飞过俄罗斯使馆，也飞过英国使馆和肃王府，最后落进中国人群中爆炸，离开既定目标1英里远。

毫无疑问，中国人自伤的人数比我们杀死的人数要多很多。他们总是瞄准得很高，火力完全把我们包围了，两个月来，子弹和炮弹不断从我们头顶上飞过，肯定是落在他们自己人中间去了。

他们称我们的射击杀伤力高，我们知道这其实是他们的准确性太差。7月3日在美尔师领导下的城墙上的突击行动中，我们攻占了中国的工事，夺取了几面旗子和一些军火。俄罗斯海军有力地支持了美国海军陆战队。

罗伯莱维斯基上校发现无法从一个方向攻入，就和美国海军陆战队一起从另外一个方向攻入。在这次突击行动中，雷登被一块砖头击中头部，两名俄罗斯士兵受伤。美军方面，美尔师受重伤，两名战士阵亡。

一些俄国士兵焚烧大量民房，推倒可以隐藏敌人狙击手

在中国的长城墙上

在义和团夺取城墙后，俄国人把它摧毁了。此图片充分展示了城墙的宽度，它看上去像一块草地，城楼矗立在草地上面，上楼的楼梯在侧面，城楼上的人控制楼梯。城墙延绵数千英里，是牺牲数百万人生命和劳动换来的，这令人难以理解。

的蒙古市场的墙。如果不这样做的话，英国使馆的西南部分就一直暴露在敌人狙击手的射程之内。在围困的初期确实是这种情况，直到俄罗斯人冲进蒙古市场，赶走中国人，烧毁他们的防御工事。

俄罗斯军队还参与了一起未遂的突击行动，试图夺取在肃亲王府的大炮，但由于信息错误，意大利指挥官把自己的人误导到错误的方向。除了几个人受伤外，其余人无功而返。

在俄罗斯使馆的防御工事里，他们毫不懈怠。一方面坚持瞭望、修筑路障，一方面沿着使馆的西墙挖掘了一条深沟，这也许是唯一暴露在外面的一侧；这样做可以有效地探测未被发现的地雷。

在整个围困期间，俄罗斯的哨兵被布防在使馆街的护城河桥上，控制着城墙下的水门。令人奇怪的是，这个区域没有发生过攻击事件，而对外国人来说，则是发动进攻的有利的空隙。

华俄道胜银行由一群志愿者控制，只要可能，他们会一直控制住。但是，中方在城墙上修建了一个高过银行的障碍物后，这个地方就成为热点而难以防御，不得不撤退。

威尔法赫先生家正对城墙，一度成为中方的堡垒，里面的狙击手干掉了美方七名士兵，房子在后来的偷袭中被摧毁。

俄国士兵曾经多次到别的地方协助抵抗中方进攻，在肃亲王府帮助芝上校拖住义和团的兵力就是一个例子。在这场战斗中一人受重伤。还有一次，他们接到德国使馆的求援。他们总是乐于助人，随叫随到。雷登和他的下属，还有所有志愿者都受到大家的欢迎。

很少有人清楚，由于接到错误的指令，当所有的士兵从外围哨卡撤退到英国使馆后，还有四个俄罗斯士兵在控制蒙古市场的工事里执勤。他们这样做，可以不使中方察觉所有的哨兵大撤退，重新回到美、法、德使馆和城墙上的工事里，否则会付出惨重的生命的代价。

美国使馆位于使馆街南侧，是一个很小的院子，院子里

美国公使馆

满乐道博士的房子在左侧，康格公使在右侧院子里的空地上种有树木和植物。这些房子的迷人之处在于它们全部是中式风格，形成了院落而非街道。

只有一栋洋式建筑用作商务处，二等秘书住在楼上。

在围困初期，以下人员住在院子里：尊敬的康格公使，他的妻子、女儿、侄女、管家，来自芝加哥的两位女宾——伍德维德夫人和小姐；一秘斯快尔先生，妻子和四个儿子；二秘班布里奇和妻子；翻译切西尔先生。以上就是使馆人员的构成。

以下人员被迫流离失所、跑到使馆避难：丁韪良博士（京师大学堂总教习，著有《花甲忆记》《翰林集》和其他中英文书籍）；满乐道（京师大学堂外科教习，著有《中国：医学、政治、社会》），他的妻子和六个孩子；威廉·派曲克先生（李鸿章先生的秘书）和三位女传教士（马特尔女士、道小姐和布朗小姐）。

美国公使馆内景

在斯快尔先生的家里，还有一位显赫的客人，她是美国最高法院首席大法官费耶尔德的侄女康迪特·史密斯小姐，和两位分别来自法国和德国的保育员。

50 名海军陆战队的警卫受迈尔斯上尉和霍尔上尉的指挥，与外科医生里派德一起组成了小分队。霍尔上尉和 20 名海军陆战队队员在哈德门以东的巡道宗信徒教堂坚守多日，直到6月20日决定放弃教堂，让所有的美国传教士转移到英国使馆里，霍尔上尉等人返回美国使馆并一直坚守。

美国海军陆战队队员忍受着常人难以忍受的疲劳，昼夜不停地坚守着城墙上下的工事和使馆街西端使馆的院子，他们的勇气令人敬佩。

没有比斯快尔夫人的所作所为更令人敬佩的了。她每天半夜坚持给海军陆战队队员送热咖啡和饼干，白天也会送几次。她的殷勤、善良不仅赢得了她的同胞还包括城里所有被围困者的尊重。医院中很多可怜的伤员舔着干燥的嘴唇感谢她亲手为他们准备的冷饮或者营养丰富的炖汤。她的储藏室里物品齐全，可满足所有人为保障健康或医治伤病的需求。作者对她感恩不尽，因为她提供了很多豌豆、番茄和罐头，还有与马肉构成美味搭配的燕麦，他和家人在围困期间赖以维持生存的大米。

美国公使馆一角

在最艰难的时候，斯快尔女士都表现得愉悦，在总是平静和热情的波丽·史密斯的帮助下，每天都在委员会里

美国公使馆成员

左起：译员塞社尔，一秘斯快尔，公使康格，二秘班布莱吉

作者全家合影

图中除了作者的父亲（后排中）和母亲（前排左），都经历了围困。

热情接待官员、外交官、平民和传教士。

负责医院的德国外科医生威尔第劳累过度，但找不到一处安静的地方休息过夜。斯快尔夫人帮他在储藏室里找了一个原来德国护士休息的舒适的地方，挂上蚊帐，可以让他得到必要的休息，缓解疲劳，为了更好地继续服务。

所有的美国妇女都十分耐心、坚持不懈地制作沙袋，这些沙袋有效地防御了敌人的不间断的子弹进攻，保护了战士和大家的生命安全。所有能够找到的布料都用来制作沙袋，包括漂亮的桌布、丝织窗帘、毛巾和衣服，都被用来御敌。

社区里的伤病员越来越多，并且担心蚊虫袭扰，妇女们把蚊帐送到医院，帮助勇敢的战士们减轻烦恼。

当我们处于被围困状态，人人都意识到，只有上帝能够帮助我们，只有快速的救援才对我们有用。在目前的情形下，任何形式的投降都意味着被屠杀。我们目睹了南堂屠杀事件的幸存者来我们这里避难，他们的孩子被狂热的义和团残忍地劈成碎块；我们了解他们对我们的深仇大恨，如果我们男人被打败，女人和儿童的下场可想而知。

第八章

清朝海关人员和和英国使馆人员的工作

总理衙门派人通知各使馆人员在24小时之内撤离北京。与此同时，他们也派联络员与海关总税务司赫德联系，通报有关与各国公使联络情况。

一对庙宇前典型的中国狮子代表威严

人们会认为，海关职员受政府雇佣、替政府收税，他们要么会得到一个安全的避难场所，与被围困而被置于死地的外国人分开，要么能够确保被安全护送出国。

这也应该适用于京师大学堂的人员。但总理衙门除了简单通知赫德外，别无作为。他们或者等待各自使馆的保护，或者一起待在总税务司的办公室，所有人都聚集在那里试图保护自己和家人的生命，那里是义和团的入城口。

在其他人从自己的使馆撤退之前，奥地利外交官就被赶出来，他们的馆舍可以俯瞰并控制总税务司的院子，但到6月20日就不是这样了，赫德总税务司恋恋不舍地带领他的职员和他们的家眷退守到英国使馆分配给他们的一栋房子里。

这栋房子位于使馆大门内北侧，与门房相连，共有三大三小六间房子和一个室外厨房。

在这个狭窄的地方，下列人员被迫蜗居在此：总税务司罗伯特·赫德先生，副总税务司罗伯特·布雷顿先生夫妇和女儿茱莉特·布雷顿小姐，皮雷先生夫妇、管家和四个孩子，布雷兹尔先生夫妇和两个孩子，布鲁维特先生夫妇，奥利佛先生、姐姐和两个孩子，鲁塞尔先生夫妇，美尔斯夫妇；单身男子包括：鲁滕菲尔德、马库恩、理查德森、瓦格纳、斯特劳其、科诺罗夫、辛普森、德斯特兰、毕斯马克、温图雷、史密斯、弗格森、森的库克、比泰尔、卢卡、劳鲁、柯斯、迪海尔、杜布雷、安卡马科、平那、奥雷吉亚和苏吉。

由于这个狭窄的地方无法容纳这么多人，美尔斯夫妇、布雷兹尔夫妇和泰勒夫妇和一些朋友住到其他房子里。剩下的人则不得不挤在一起。单身汉下岗后就在过道上裹条毯子睡觉。

赫德因年事已高，豁免参加军事活动。布莱登、奥利弗和其他人都经常作为海关志愿者参加执勤工作，他们的工作卓有成效。

斯特劳其曾在德国军队多年担任中尉，担任指挥，马库恩担任副手。马库恩受伤直到痊愈上岗期间，辛普森担任副手。

赫德爵士及全体海关人员

海关全体人员和他们的家眷。此外还有一两个在围困期间同住的朋友

紧挨着英国使馆北侧的大院子是翰林院，一个有很多房子的建筑，里面有中国最好的图书馆之一。按中国人的说法，这座图书馆里的书籍成千上万卷、包括历经百年的经史子集，值得永久保存。翰林院北侧隔着长安街是紫禁城。

义和团和清军占领了翰林院的北端，为了把我们赶出英国使馆，居然残暴地烧毁这些珍贵古籍。

海关志愿者承担翰林院南半部大部分地域的防守任务。在围困期间，这里的防守工作最令人厌烦。我们早先曾占领院子的南端，用砖头和沙袋修建了一条横贯院子的工事。

双方的工事十分接近，由于中方的子弹无法瞄准我们，他们甚至扔半截砖头袭击我们。我们的人因此负伤。

除了上述参加海关志愿队的人以外，美尔斯、巴比亚、

海关志愿者

他们在围困期间保卫使馆，表现卓越。他们勇敢、冷静、坚强，随叫随到，让人放心。

弗里克和海格曼在不同时间作为附属人员参与工作。

瓦格纳和德斯特兰很快被召到法国使馆参战，那里的战斗十分激烈，需要补充阵亡人员。他们几乎无法在他们同胞的危险岗位上待很长时间就会阵亡，7 月 1 日瓦格纳被一块弹片击中头部当场死亡。几天后，德斯特兰神秘逃亡。

中国士兵在海关街街道下面挖地道，在使馆东边建筑墙下埋下一颗地雷，当他们引爆地雷时，德雷斯兰等人被震塌的房子埋在废墟中。但第二次爆炸几乎把他们炸飞了，他们中间有德雷斯兰、奥地利代办罗斯宏，罗在自己的使馆向中国士兵投降后在法国使馆执勤。这次只有两个法国人被地雷夺去生命，而中方却死亡20人。

瓦格纳不幸阵亡，给他年轻同事们的心理留下阴影。他聪明、阳光，脸上总是挂着笑容，愿意随时接受工作，总是活跃在最前线，从未错过任何战斗机会。皮斯马克先生全心全意为德国使馆服务，迪海尔先生也是如此。

皮斯马克的帽子被子弹打飞，衣服也多次被打出窟窿，他几次遭遇死神，但最后都侥幸逃脱。

卢卡先生前臂受伤，疼痛但伤势并不严重，他暂时失去战斗能力。然而一旦身体恢复，他立刻投入战斗，一度与雷上尉一起为军需部门提供援助，但这个地方没有危险，他于是将其转交给奥利佛先生。

在被围困早期，理查森先生肩膀受伤，他是海关志愿者队伍中最先受伤的人。但他伤好得很快，不久就在医院里担任助理护士，痊愈后回到战斗岗位。

拜特海尔先生因为疲劳过度而生病，被迫住院，得到妥善治疗几天后即痊愈，回到工作岗位。为了反制中国士兵挖掘的地道，温图尔在翰林院里挖一条深壕沟时扭伤了膝关节，导致严重滑膜炎，不得不打石膏休息数周。

贝塞尔先生积劳成疾，被迫入院治疗数天，但在妥善治疗和休息后已经重返岗位。

桑德科克、贝瑟和弗格森先生虽然年龄不满19岁，经过了值夜班的痛苦煎熬，却能像老兵一样在战火中保持冷静。

还要特别提到英勇无畏的杜普蕾先生，他被同事们亲切地称为“小威利”。和平时期，这个年轻人是个和蔼可亲的邮递员，但在围困期间，又变成了勇敢的战士。虽然只有18岁，却承担了满负荷的工作。他参加了美国、英国、奥地利战士的第一次位于奥地利使馆北部寺庙的战斗，共击毙 56 个义和团团员。他在翰林院、肃亲王府服过役，也参与过海关志愿者行动并取得最新成绩——占领蒙古市场俄罗斯岗哨北边的有价值的战略位置。

中国理发师和他的剃头挑子

8 月 10 日，这个勇敢的年轻人从蒙古市场的要塞爬出，经过月光下的大路，爬上中方的工事，听到一个士兵在鼓动同伴和他一起去进攻外国人：“我们犹豫什么？我们人多势众，他们没有什么人！我们必胜无疑！”杜普蕾迅速返回及时向同事报告，避免了一次莽撞的突袭。不久，中国士兵冲出工事，试图对我们发动突袭。但迎接他们的是一阵枪林弹雨，他们一死数伤，失魂落魄，退回工事。他们疯狂地向我们的工事射击长达半小时之久，但并未造成损伤。

尽管海关的弟兄们住处拥挤，但相安无事。他们热烈欢迎柏克豪斯等人搭伙。他们把所占领的入口处的商店改为仓库。在罗素夫人和梅尔斯夫人的悉心照顾下，所有的海关志愿者都会永远铭记，在她们辛勤的努力下，给大家提供了大量的马肉和米饭作为日常主要食品，伙食不错。

中国理发师在理发

总税务司赫德的品行不但被自己的同事也被外面的人广为赞誉。他不但毫无怨言，而且始终快乐如一地和战士们分享单调的食物。他从不搞特殊化，不多吃多占，而是坚持有福同享。他也许在工作中是个成功者，但在北京被困期间他和他同舟共济的伙伴们建立了深厚的友谊，使他无法被替代。

斯密斯来到英国公使馆时，刚从猩红热病中康复，被隔离数周。结果，他没有参加初期的工作，而是在解除隔离后上岗。奥利吉亚先生 7 月 10 日来时，也患有猩红热，没有参加军事活动。

围困北京期间在英国公使馆的人员组成如下：窦纳乐公使、夫人、两个孩子，嫂子；秘书赫波特·黛林；中文秘书亨利·考克伯恩及其夫人；中文秘书助理凯尔，妻子，孩子；外科医生华兹华斯·普尔；会计图尔斯，妻子，孩子；领事助理奥利芬特；领事助理罗素；代理牧师诺雷斯；助理牧师艾伦。学生译员如下：汉考克，福莱海迪，布里斯托，柯尔克，波特，休莱特，露丝，德露丽，贝尔，瓦蓝，吉尔斯，汤森德。普尔上尉与他的兄弟外科医生华兹华斯·普尔住在一起度语言进修假期，也被视为使馆人员，其他人员包括访客克拉克－桑海尔，管家海林军士。

军事人员包括：高级上尉斯特劳斯，上尉何里德、瓦雷，上士墨菲、桑的斯、普赖斯顿；四个下士，一个司号员，一个军械士，一个医院护士，还有 68 名二等兵。他们有一挺诺登佛特机枪。大多数平民成为志愿者，受普尔上尉领导。

英国公使馆院子南端西侧连接着很多民居，当地人很清楚这是一个容易进攻使馆的地方，他们曾经试图点燃民居以火攻使馆，于是，图尔斯和特维德领导下的志愿救火队应运而生，以防止此类危险进攻。

在围困初期的一场大火中，何立德先生领导了一次突击，他们在墙上凿了一个洞，击毙了 20 余名来犯之敌。不幸的是，他肺部中弹，不治身亡，使抗击围困的战斗失去一位勇敢而仁慈的指挥官。

英国海军也参与了战斗，进攻义和团，占领城墙。下士墨菲在梅尔斯上尉离世后脱颖而出。勇敢的斯特劳斯上尉深受同伴的爱戴，7 月 16 日在肃亲王府一次巡视中中弹，身负重伤。莫理循博士也同时负伤。芝上校衣服被几发子弹打穿，但逃过一劫。

英国公使馆占地辽阔，有必要比其他地方配备更多的警卫。因此，使馆的男性和美国人每日组成小分队在城墙上执勤，在肃亲王府协助芝上校工作。在公使馆与肃亲王府之间的河上，他们修建了一座工事，以便人们在不被城墙下北桥上的人发现的情况下过河，北桥上有敌人的重兵把守。为替补这些小分队，还招募了外国的志愿者，他们表现优异。

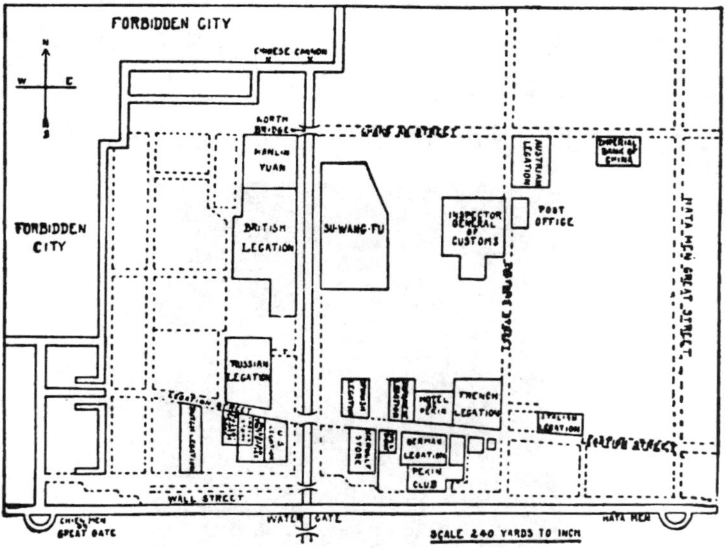

在北京的外国使馆平面图

能够找到在其他照片中出现的房屋的位置

在斯特劳斯上尉去世后，窦纳乐被任命为总指挥，领导其他国家的部分哨兵。但是，法国人和德国人并不接受他的领导，而是自行其事。普尔上尉负责英国公使馆内的国际志愿者，指挥着北马厩、北墙、翰林院和学生宿舍区的防御工作。他曾率兵进攻马车停车场，我们围墙西北方向的大片土地。

从英国公使馆的附图上可以看出，因日本人占领了肃亲王府，俄国人和美国人占领了城墙使馆街，东部和南部不需要警卫，但北部和西部还是有很多地方需要值守，这是因为中方在他们的阵地前大规模构筑工事，并持续攻击，他们的武器包括步枪、克虏伯机枪和滑膛加农炮。

直到 7 月 18 日，加农炮从早到晚不断炮击我们，炮弹落在我们中间，房屋毁坏殆尽，瓦砾遍地。由于射程近，他们无法形成有效攻击，让我们逃过一劫；炮弹弹片越过前一排建筑，从我们头顶安全飞过。

受损最严重的是南马厩的警官住房。这所住房经历了对

中国马车

英国公使馆最沉重的打击，化为灰烬。

在吉姆韦尔的指挥下，所有使馆的围墙都加固到8英尺厚，完全可以藏身。墙上硕大的瞭望孔可以瞭望和射击。

清兵射击向来缺乏准确性。他们总是枪口向上，难以瞄准工事上方的目标。他们扣动扳机后就收回枪支，不冒被击中的危险。这种射击方式毫无危害性，成千上万子弹从我们头顶呼啸而过。当我们听到外面的声音，我们就知道离开英国使馆很远的地方伤亡惨重。

7月5日，英国公使馆在翰林院执勤的奥利范特先生腹部中弹，因休克和大出血，1小时后去世。我之前也提到过他的死讯。他生于1876年7月12日，在公使馆领事部服务过2年，在通过第一次考试后，他很快表现出驾驭中文的能力。在结束学生译员的实习后，他被雇佣为公使馆领事助理。他工作出色被上司所赏识，但他的离世给同事们造成很大打击。

他是领事部最有前途的青年之一，他与在厦门领事馆工作的舅舅曼斯菲尔德联系紧密。他在北京期间，奥利范特把他认识的人都介绍给他了。这些人都了解他的脾气、执行力和敏捷的思维。在体育方面，他是领头羊，别人无法取代。

在围困北京开始时，他是首批前去保卫公使馆的人。当翰林院被部分攻占，他被派去值守。参加过多次伏击战。

就在他在一个更有利的地方砍树时，不幸中弹，他的美好前程就此断送。他死在皇家银行工作的哥哥尼吉尔·奥利范特的怀抱中。他的亲朋好友都深深怀念他。

另一位年轻人——沃伦先生是学生译员，7月16日在肃亲王府执勤时被弹片击中面部，伤势严重，几小时后不治身亡。

第九章

奥匈帝国使馆——舒玛特夫妇所做的工作

舒玛特先生

奥匈部队由占塔（ZENTA）舰上的30名蓝衫军组成。他们6月3日乘末班火车和德国部队一起抵达北京。海军上尉科勒、见习军官兰斯菲尔德和梅尔担任指挥。与军队同行的还有蒙塔玛上尉和温特勒赫特中尉。这样，在北京就有5名军官和30名士兵。当彼此失去联系时，蒙塔玛上尉担任指挥。

奥匈帝国公使馆里只有罗斯特弘博士夫妇，公使4月休假，副领事纳特依斯特在上海患病。他的继任者哥特维尔德先生尝试与西摩尔率领的救援部队一同北上。奥匈帝国的部队也在比利时公使馆驻防，直到比利时公使离开，于6月16日抵达奥地利公使馆。

6月13日 义和团袭击了新铸币厂，帝国银行被公使馆东侧的火力控制。义和团在夜间发动第二次进攻被击退。

次日，奥匈帝国的部队在长安街与海关街交汇处设立岗哨，后又架设铁丝网，以阻拦乔装打扮的义和团团员在使馆区贩卖走私物品。

夜间，比利时使馆卫兵被袭，奥匈帝国的部队击退了清兵的进攻。公使馆巡逻队抓到了嫌犯，后来移交给中方。法国部队的部分人员协助他们在防御工事里值夜班。

6月20日 奥匈帝国的部队做好了出发准备，护送罗斯特弘博士夫妇，因为他们并未获知公使不让他们离开的新决定。下午3点，罗到达法国使馆时，法国公使向罗展示了一封总理衙门给各国公使的信件，允诺将向他们提供保护。

在所有的哨卡被夺回后，蓝衫军重建被推倒的要塞，推倒这些要塞是防止清兵利用它们。隐藏在周边民居中的甘军部队下午3:30起从两边向要塞猛烈开火。

奥地利使馆完全暴露在枪林弹雨之中，无力应对密集的攻击。可以理解，奥地利代办和部队要撤到法国公使馆。他们在密集的火力中撤退，只有一人受伤。

奥地利部队立刻赶到位于海关以南一百多码处的由法国人建立的要塞。从那天开始，他们和法国人一起保卫法国公使馆。

奥地利使馆被洗劫一空，6月21日被清兵焚烧。22日火势蔓延到街道两旁的民居，这些民居后来被遗弃。奥地利部队在海关街和使馆街交汇处建立了另外一个要塞，以指挥海关街的战斗。

夜间，比利时使馆卫兵被袭，他们击退了华人的进攻。公使馆巡逻队抓到了嫌犯，后来移交给中方。法国部队的部分人员协助他们在防御工事里值夜。

6月22日 由于接到错误的警报，意大利、法国和德国的公使馆人员撤离，但很快又返回了。意大利人因使馆被焚而无法返回，他们位于使馆街东段的使馆护墙也被烧毁。

从那天起，蒙塔尔曼上尉指挥法国和德国士兵战斗，英国公使那时也被各国公使们选为总指挥。

清兵进攻法国使馆的战斗从一开始就十分激烈，因为他们完全了解其战略地位的重要性。一旦法国使馆失守，德国使馆、北京饭店和肃亲王府都危在旦夕。奥地利人分担了法国使馆守卫部队必须履行的各项工作。他们在东使馆街建立了坚固的工事，在入口处建立了碉堡。

法国人和德国人一起向周边的清兵发起几次突击行动，打死打伤数人。

6月24日 候补少尉威廉·伯夷纳伯格带领一个小分队和德国人一起向城墙发起进攻，使美国人得以重新占领顶端的哨位。

奥地利人不断增援城墙前到东边的德国军队，6月25日后，始终有5名士兵在肃亲王府协助芝上校。只要工事后面的哨位得以保存，他们的机关枪就能充分发挥作用。当这个哨位被放弃后，如果俄国、德国和英国使馆需要，机关枪就会被送过去。

当法国使馆受到来自北面、东面和南面的激烈攻击、只有西面受到其他使馆保护时，法国人负责守卫北面，奥地利人负责南面，在25码距离的范围内，不间断遭到步枪射击。对此，他们忍耐了数周。

6月29日 清兵成功突破海关街东部城墙，并在法国使馆放火，但他们没有勇气乘胜追击。但这迫使守军放弃海关街南端和使馆街最东线掩护的工事，使馆护卫背面和侧面受敌。

清兵夜以继日地在东城墙打开无数的洞口，直到几乎摧毁整座城墙。由于洞口被使馆的窗户和院子西边临时防卫物所掩盖，他们并没因此占据优势。

数日来，我们的士兵疲劳不堪。7月1日起，我们开始遭受炮击，弹片击中了院子里的房顶和屋墙，最后导致房倒屋塌成为废墟。

7月8日 清兵搬来直径三英寸克虏伯大炮放在离我们80码的地方，开始毁灭性地轰击东城墙。特龙贝格上尉、拉布罗斯上尉、达西中尉和克勒中尉非常焦急地定位大炮的位置，便离开自己的工事，来到一个瞭望孔后面，但一发炮弹在他们中间罕有地爆炸，特龙贝格上尉心脏中弹后牺牲在他同伴的怀抱中。他被抬回后方，下午两点按照军队礼仪下葬，密集的子弹在参加葬礼的人周边散落。在这个场合，同情的眼泪证明了男人们的悲伤和对死者的尊重。

特龙贝格死后，奥地利的指挥权落在温特勒赫特身上。

7月13日 清兵发起猛烈攻击，先用步枪射击并大喊"杀！杀！"。这次进攻使所有的防卫部队都进入阵地，但防守功亏一篑，因为过了一会儿，步枪声戛然停止，两颗地雷爆炸，死伤严重。地雷炸毁了毛里斯的房子，罗斯特弘博士夫妇、达西中尉、德斯特兰和四个水手住在那里。两个水手阵亡，其他人只是受了轻伤。

地雷爆炸掀起泥土和碎石，在空中形成厚厚尘雾，场面十分恐怖。两门三英寸口径的大炮在 80 码外的大门口向我们轰击。

这次爆炸迫使奥地利人和法国人向东撤退 30 码，藏到他们建立的掩体中，以准备一次注定的撤退。但在对方的炮火停歇后，联军发起冲锋，把清兵赶出主路，并重新占领那里。

历史上还没有这样的事情，原本要坚决撤退更多的地方，结果却反而由奥地利人和法国人在法国使馆里占领了小部分地方。然而，建筑物着火，迫使法国人撤退到西部工事后面，奥地利人撤退到小教堂附近连接一座墙壁很薄的房子的工事里。奥地利人烧毁了一座小房子，以防止清兵用其攻击。

起初防御线十分薄弱，但通过添加砖头和沙袋很快加固，然而到了最后，来访者都说这个工事不牢固，美国海军陆战队队员说，我们的工事不行，这个更糟。

清兵在他们夺取的使馆街西端修筑工事，用树木和灌木遮掩武器。奥地利人不得不在枪林弹雨中清除这些掩盖物。直到 7 月 17 日，敌人在对面的工事里夜以继日地不断射击，奥地利人只能偶尔还击，他们的弹药必须节省使用。

所谓的停火并没延续多长时间，7 月 23 日的炮火比以前的更厉害，晚上尤甚。为了阻止更多的地雷，奥地利人在外国门楼前面挖掘了一条 60 码长、10 英尺深的地道。事后发现，清兵的确曾试图两次布雷，但最终放弃，原因不详。

围困的最后夜晚，攻击法国使馆的炮火如同各地一样猛烈，尽管两发炮弹在教堂里爆炸，但无人伤亡。

奥地利方面的损失：一位军官和三名蓝衫军战士死亡；

舒玛特夫人

围困期间的女英雄

三名军官和八名蓝衫军战士受伤。运到的10000筒弹药中，2000筒供人使用，2000筒供机枪使用。机枪防护板上显示有50多发步枪子弹弹痕。

如果不提一下舒玛特和他勇敢的妻子，围困的故事就是不完整的。他是瑞士人，替梅赛公司负责经营北京饭店。他妻子来自旧金山。

北京所有的外籍妇女离开自己的家来到英国使馆帮忙时，舒玛特夫人受丈夫提醒，手握步枪，通常是透过树立在北京饭店和德国使馆之间的海关街工事上的瞭望孔瞭望敌情。舒玛特先生在自己的饭店里开了一家烤面包店，每天让中国帮手烤制数百只焦黄的面包，供给英、法、德使馆数百个饥饿的人们食用。

在北京饭店的北边，受过炮轰而千疮百孔的楼房大都倒塌了。来访这家饭店的人都如释重负，在残骸被清理之前，他们无法相信，一个勇敢的美国妇女在此生活了60天而毫发未损。她每天都可以逃离。当比利时社团在长辛店被包围，在围困使馆结束前，舒玛特夫妇带着枪从城里赶去解救他们。

围困结束前，他们还几次突围去北堂；围困结束后，他们去的次数更多。他们每天都是冒着枪林弹雨，穿越饭店与英国使馆的桥梁，把面包送给最需要的人。

在几次炮弹在面包房里爆炸、中国面包师一死多伤之后，舒玛特夫人手持步枪让工人坚持工作，而她先生担任护卫队的职责。

舒玛特先生的手被义和团的长矛刺伤，但并没有因此而长时间耽误工作，而是把手包扎后继续工作。无论何时需要，他还是使用这只手。他勇敢得近乎鲁莽，但并不会被杀死。他的祖国和其他国家，特别是法国会充分认可他的贡献，这是令人敬佩的。

第十章

围困期间，慈禧太后颁布的上谕，以及少数评论[1]

侍从在服侍祭孔

当我们被围困在公使馆里时，我们不知道使馆墙外发生了什么。直到7月18日所谓的停火时，我们花了一大笔钱，购买了一些从6月13日到7月19日的京报。我们让人翻译了与义和团和外国人有关的部分：第一，慈禧表里不一，明显是想在6月19日向外国人宣战之前镇压义和团；第二，从6月19日到7月17日的上谕中，她公开鼓励宣战，直到她在天津的军队被打败，这些军队的领导是宋庆、马玉昆和聂士成；第三，她迅速变

① 译者注：作者在本章中一改白描叙事方法，字里行间充满了愤怒情绪，在中括号里是他对清政府的冷嘲热讽，读起来会对读者造成一定困惑，特此说明。

卦，7月18日和19日企图取缔义和团来拍洋人的马屁。她一方面挖空心思试图杀死所有的外国公使，另一方面又派自己的大臣出国游说，通知那些派出使臣的国家说，外国公使在华很安全。

上谕本身就具有很强的说服力，它向外国政府表明，永远不要让这个最奸诈的女人或者其他任何满族人占据中国的皇位。

“6月13日　上谕：一个日本公使馆的职员在永定门外被暴徒［穿着官服的清兵］杀害。得知此事，我们十分悲哀。

“我们友邦的官员在京履职应该得到我们尽可能的保护，特别是目前这种情况下［当我们计划把他们一网打尽时］，我们要竭尽全力，因为暴徒多如牛毛。

“我们多次命令各地的官员确保当地局势平静，尽管如此还是在帝都发生了日本职员被害事件。

“文官和军官玩忽职守，没有看管好所辖地区，也没有把该抓的人抓起来。我们设定一个截止时间，此前必须逮捕并惩罚那些罪犯［时间没说］。如果没有抓到，有关官员必受惩处。［换句话说，中方要把所有外国人赶走。在此之前，如果抓不到杀害日本人的凶手，有些阴谋会败露，也会有人被抓起来。］”

“上谕二。义和团的暴徒近年来在首都周边制造骚乱，最终，北京也卷入了。

“我们已多次严厉命令京郊的指挥官制止动乱，但谋杀和纵火的消息依然时有报来。坏人在传播谣言，挑唆杀人放火。

“结果是，我们优秀的士兵也被卷入骚乱，不服从命令；

京师大学堂大门

京师大学堂是被义和团摧毁的众多著名建筑之一。它出名的原因是进步党的迅速崛起，光绪皇帝似乎十分支持，直到他的权力受到慈禧限制。

他们也知道，暴徒们闹事，罪有应得。

“所有良民都爱国，人们不禁会问，历史上强大的国家是否会宽容动乱。我们通过调查得知，在义和团员中，许多土匪争相作恶。

“我们已经命令刚毅和其他人前往京郊各地带去我们的问候，这样那里就会平静下来。让已经结党的义和团员们解散并安静下来。很显然，各种罪行都是卖国贼所为。

“我们应该相信，百姓都是好人，除非干了坏事，真正的坏人必须受到惩罚，而且从现在起绝不姑息。我们命令孙迎将军指挥马玉昆将军全速赶往首都，竭尽全力逮捕京郊的暴徒。要抓的是元凶，其他人可以遣散。

文渊阁

北京紫禁城内一座漂亮的建筑

“严格禁止军队利用此举制造混乱。希望消灭卖国贼，国家安定。”

这封上谕真的表明，马玉昆即将来北京捉拿皈依者，而他的士兵不会与义和团发生冲突。

“6 月 19 日，近来，普通人与皈依者之间的纠纷日益增多。谣言满天飞，有人借此纵火抢劫。

“要肯定的是，外国公使们的权益必须得到维护［这意味着他们将被国家处罚而死］。

“荣禄接到命令，指派士兵并发挥他个人的影响力，在东交民巷和附近地区加强守卫，不得掉以轻心。

“如果外国公使和他们的家庭希望暂时去天津，他们沿途可以得到护卫［克林德去总理衙门交涉，就是死在护卫者的枪下］。然而由于铁路未通车，走公路并不安全，不如还是像以前一样待在使馆里比较安全［我们在断断续续的战火下已经忍受六天了］。铁路修好后，他们可以随意。谨此。”

“6月21日上谕：自从清朝建立以来，外国人一直受到善待［简直是弥天大谎］。

“在道光和咸丰时期，外国人就享有经商特权，然后他们要求传教，并逐渐得到准许。起初，他们能够服从中国政府的管理，之后他们利用中方的宽容，蚕食我们的土地，攫取我们的财富，践踏我们的人民。

“中方的每一次让步，都使得外国人变本加厉地使用武力。外国人不断地欺压百姓，侮辱圣贤，这些举动在普通民众中激起愤怒，导致爱国武装义和团烧毁教堂、杀死皈依者。

“圣上对局势忧心忡忡，竭力避免骚乱，颁布上谕保护公使馆、对教徒表示怜悯。拳民和教徒都是圣上的孩子，相互平等。圣上希望化解他们之间业已存在的矛盾。

“朝廷对外国人表现出极大的善意，然而这些外国人毫无感恩之心，反而欲壑难填。

“法国公使馆参赞杜士兰送来快件称，要我们尽快护送他们到大沽，否则他们将自行武力攻下。这暴露出他们的狼子野心。

“我们在国际交往的所有事务中都表现出谦恭的一面。而他们号称是文明礼仪之邦，却总是诉诸武力解决纷争。

“我们执政三十年，待民如子，也被人民奉若圣贤。多年来，我们一直受恩于慈禧太后［这封上谕显然来自皇帝］。

天坛

皇帝祭天处。中国最壮观的庙宇之一。

“我们的先人对世界早已洞晓，我们更无必要展示爱国和忠诚。

“我们眼含热泪在祖先的圣殿里宣战，只有斗争才无须忍辱负重，才能自我保护。

“我们的官员，无论高级还是低级，想法都一样；我们没有号召，就聚集了几十万武装人员［义和团］，有些还是孩子，就手握长矛，保卫国家［小流氓们抢夺和谋杀那些在义和团进入后没有逃离北京的、令人尊重的普通民众和官员］。

“外国人仰仗雕虫小技，我们则相信上苍的公正；他们相

南京毗卢寺

信暴力，我们相信人道主义［比如你们在南堂杀害数百妇孺］，更不必说我们事业的正义性。

“我们国家有 20 多个省份，人口超过 4 亿，维护尊严毫无困难。”

上谕还要求民众捐钱捐物，允诺政府会认可，并将悬巨赏奖励那些付诸行动杀死外国人和教徒的人，并威胁那些行动迟缓和怯懦的人。

“7 月 24 日，上谕：昨天，东单牌楼和长安街一带的商店被武装分子［义和团］抢劫。事态十分严重，我们命令荣禄派兵捉拿肇事者。一个分队的 11 人和另一个分队的 23 人被捉拿，并就地正法，老百姓亲眼目睹此事。

“现在，我们命令各机构的高级将领们，要严格要求下属遵守纪律。如果抢劫的事情一再发生，就必须宣布宵禁。如果指挥官藏匿违法者，除了严格执法外，他们还将受到审查，如果发现有罪，还将严惩。

“本市的军事长官要抓捕所有骚乱肇事者，就地处决，决不姑息。”

同一天的第二份上谕如下：

“户部命令给刚毅200袋大米以分发给义和团。”

第三份上谕：

北京乞丐

“我们在义和团里的人分布在北京和天津，他们确实应该有负责人监管。我们任命庄（亲王）和（刘）坤一为总指挥，任命英年为左翼总指挥，载澜为右翼总指挥，配合他们的行动。

“我们任命清军的副总指挥文辉（音译）为总指挥。

“所有的义和团成员都为朝廷鞠躬尽瘁，因此我们不能在他们背后做亲者痛仇者快的事情。我们坚信，每个人的愿望都能实现。因此，重要的是人尽其才。

“6月27日，上谕：昨天的上谕显示，按照实施计划，不同的奖励将发给在城区的不同的部队［因为抢劫？］。现在，左翼部队在宋庆的带领下，分成小分队，向首都进发。把10万两银子均分给他们，也要让他们了解要在首都遵纪守法，保持秩序。”

一份上谕也指令直隶总督可能的话重新夺取大沽口，阻止外国军队（联军）北上。另有一份分配指令，把10万两白银分给在首都的义和团和军队。

“6 月 28 日一个中心城区的检察官建议朝廷向百姓分发皇粮。他看到爱国的义和团近来烧杀教民，市场受到干扰，不仅贫民百姓生活无着落，一些中产阶级也深受其害。与其让罪恶的行为肆意妄为，不如由朝廷分发粮食。

“考虑到先例，他要求朝廷分发大约 2000 两白银的粮食。

“他说，6 月 16 日夜里，前门地区发生大火，有人趁火打劫，很多人报警，官员逃离，店铺关闭。21 日，老城区的一家客栈被抢劫，9 人被抓并被就地斩首。25 日（星期日），扮作士兵的匪徒包围并拆毁了一位官员在海关街靠近总税务

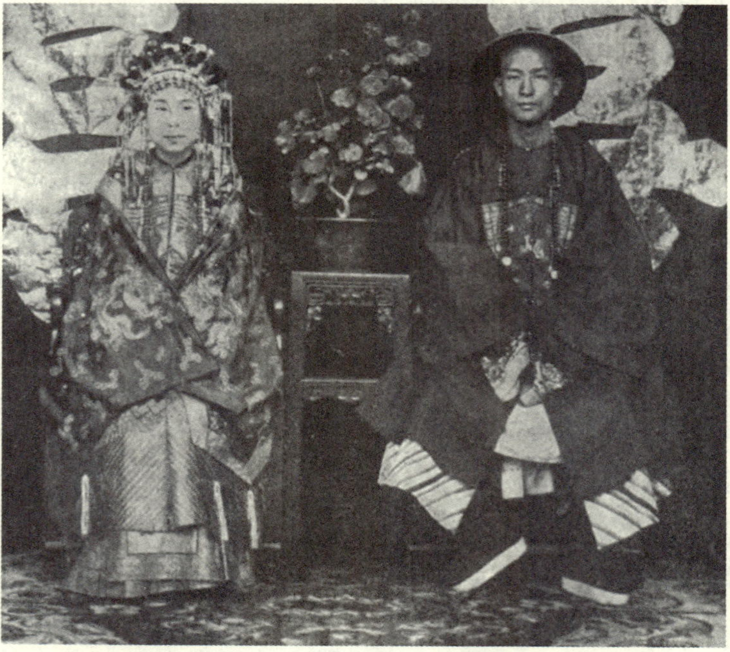

曾纪泽的女儿和女婿衣着华丽的婚礼

中国也有我们所熟悉的天竺葵

司的住宅，肆意向三个仆人射击。

“这位检察官和他的同事将尽力维持秩序。但他要求朝廷指示亲王们和高官命令义和团逮捕抢劫犯。这些给士兵们发出命令的亲王和高官也应该看到，他们的队伍里个个都是好样的，没有土匪或鸡鸣狗盗之徒。”

“6月28日，一个检察官抱怨首都的抢劫行为，我们谨此命令亲王们和大臣们命令义和团遵纪守法，抓捕罪犯，就地处决。”

“7月1日，上谕：政府在全面备战。由于电报系统遭到破坏，以前废弃的邮差任务必须恢复。直隶总督荣禄受命派出探子打探敌人的行动。”

同日，第二个上谕：

“义和团团员开始执行他们的信条——‘英勇、忠诚’。我们最终希望他们干得漂亮，驱除压迫者。但北京和周边地区有很多冒充义和团的坏人烧杀抢劫，无恶不作。如果不严格区分，国内的分歧就会扩大到对外战争中去，国家状态岌岌可危。

“负责义和团的载勋在此命令他的部下严格遵守纪律，驱除制造麻烦的假冒者。那些匪徒，无论他们姓甚名谁，必须一视同仁，毫不怜悯。”

北京的两个女伶

“7 月 27 日，上谕：从外国宗教开始传播到现在，教民和非教民之间心存芥蒂。这是当地管理者的错误所致，他们使百姓之间的矛盾一再升级。

“事实是，教民还是国家的孩子，他们中间肯定有良民，但有些受虚假的教义和传教士误导，犯下错误。他们坚持错误的信念，与普通百姓势不两立。

“朝廷鼓励每个义和团团员忠诚、爱国，消灭国家的敌人，这样，全体人民就会统一思想。

“我们在此声明，教民和义和团员一样平等，因此，必须遵守为所有人定下的规矩。如果他们改变教义承认错误，他们完全可以脱离教会。总督们会很乐意宣布：‘所有迷途知返并放弃教会的教民们，可以悔过自新，既往不咎。’此事必须布告四方，每一个案子都有当地官员负责处理，按照规定公布。

[这是一个找出所有教民并一网打尽的巧妙的陷阱。]

“鉴于中外之间的敌意，必须立刻驱逐传教士，这样就不会有很多麻烦。但他们回去的路上必须给予保护。各省主管必须在自己的管辖范围之内负起责任。此事必须立刻办理，不得怠慢。”

“7 月 8 日，上谕：天津周边的哨卡位置极为重要，军队正在那里集结，以准备防卫。72 家消防队、超过 1 万名消防员，受到爱国主义的鼓舞，如果与义和团联合起来，会激发我们对立面的战斗力，并肯定会打败敌人。”

“7 月，上谕：我们任命李鸿章为直隶总督，兼任北洋通商大臣。鉴于现在防守天津至关重要，我们指令直到李到任，荣禄有事与庆亲王协商，这是最好的办法。在轮换官员期间，不允许出现责任不清的情况。”

7月12日的上谕与聂士成将军有关，上谕向在外国训练过的、在芦台的军队发出命令，并批评他，但又说，他7月11日在他的士兵前面英勇就义。

7月15日，山西巡抚端方，在一篇请愿书中，引用了内阁6月20日传给他的如下命令：

载人独轮小车

此图显示当时中国城市里通用的交通工具；但随着中国对西方开放，现代电动汽车无疑会替代这些交通工具。如同许多其他古旧而漂亮的器物一样，终会成为古董。

“中外之间爆发口角，很难看出解决方法。总督和各省巡抚都是朝廷的受益者，现在他们有责任想方设法回报朝廷，详细报告各省的局势，选拔将军、训练士兵的方法，支付费用的正确方式。他们必须提出建议如何保卫边防，抵御外来侵略，强化首都保卫圈，以使朝廷稳坐江山。很清楚，总督与巡抚热心的合作使局势转危为安。我们急切期望得到帮助，这个命令必须尽快布告四方。”

“7 月 18 日，上谕：［从现在开始，与仍困在英国使馆的公使们谈判。这发生在天津中国军队溃败之后。］中国与外国发生战斗的原因是教民与非教民之间的矛盾。［那就是，教民反对被他们的野蛮邻居杀戮和抢劫。］

“如果大沽口被占领，我们别无选择，只能参战。然而，朝廷并非情愿中断业已存在的友好关系。我们反复发布命令保护各国公使和各省的传教士。

“中外战斗的范围还不大，在中国还有很多各国的商人，他们都应该受到保护。

独轮车
天津

“我们在此宣布，将军们和巡抚们要查找外国商人和传教士，依照有关规定加以保护，不得有丝毫懈怠。［在将近一个月内，太后让公使、传教士和商人们处于持久的炮火袭击下，离她的住处不到 2

英里，她不会听不到枪炮声。］

“上个月，日本使馆的一等秘书被杀。这实在令人意外。事情还没了结，德国公使被杀。这突如其来的事件令我们十分悲伤。我们应该立刻缉拿凶犯，并将其绳之以法。

“除了在天津的战斗外，顺天府尹和各省巡抚应该命令官员们仔细检查什么样的外国人被无意杀死了，什么样的财产被毁坏了，要如实禀报，一起处理。

“很多天以来，匪徒们烧杀抢掠，造成很大混乱。我们已经责令总督和军官们彻查有关情况，联合起来维护稳定。这个命令必须尽快布告四方。”

当地人在苏州花园

“7 月 19 日，一份张顺请愿书的节选如下：你们的人已经检查了最近在皇城南部发生的一切：毁坏道路、电报系统，老百姓处于疯狂和混乱当中。最近，收到一份电报说，各国船只已经到达天津，宣战并夺取大沽口，天津城险象环生。义和团对此负全责。全世界都目睹了我们里里外外的悲惨境遇。眨眼之间，义和团就把从三个省募集来的成千上万两白银修建的铁路破坏殆尽。谁对义和团的行径负责？［答案：慈禧太后和端亲王，他们都被董福祥欺骗了。］

“7 月 28 日，荣禄被允许在紫禁城内午门里乘坐二人抬的轿子。”

第十一章

现在怎么办？

庙门

中国拥有大量的庙门，这是其中之一[①]。

现在怎么办？北京的围困被解除了。城里到处都是联军的士兵，慈禧和她的大臣们都向西逃离，首都沦陷了。

中国会被外来征服者四分五裂还是会在另一个君主的统治下继续存在？

俄罗斯无疑希望立刻拥有满洲里和直隶，还很有可能拥有山西和陕西。日本当然急于扩张自己的领土。英国虽然声称没有领土要求，但它的朋友和敌人都相信它想控制长江流域。

① 译者注：此为北京天坛内的牌坊。

德国、法国和意大利都在讨论自己想得到的那一份，只有美国完成了自己的任务，准备撤回。

但是，美国的任务真的完成了吗？保定府被杀害的传教士呢？自从被解救后，我们得知了在保定发生的令人震惊的谋杀和伤害事件，辛姆·考克斯夫妇和他们的三个孩子、乔治·泰勒博士、郝治博士夫妇、白格内先生和家人、培德金先生、莫里小姐和戈尔德小姐惨遭不幸。保定府还有颜面在地球上存在吗？

现任山西巡抚毓贤呢？他让人把省里所有的外国人带到衙门里，在他面前处决他们。我们还要让他活下去吗？绝不。如果站在今天的立场上，美国有谁主张血债不要用血来还的话，那他真是胡说八道了。

事情并没有完。慈禧太后、端郡王载漪、醇亲王、毓贤、董福祥、崇绮、崇礼、徐桐、刚毅、启秀、载澜和那桐，这些人都应该被绳之以法，他们的追随者也应该更多地被法办，美国的妇女和儿童才能为血债血还而停止在地下哭泣。

也只有到那时，让美国人为他们同胞的被毁坏的财产索要赔偿，放弃其他国家人都竭力战斗去夺取的尸体。

如果中国被分裂，可能会损害我们的贸易，但也可能会增加。但无论如何不值得我们用战斗争取，在任何情况下，我们都肯定能够获得大量贸易机会。最好的情况也许是，在讨论问题时，我们的军队在那里按兵不动，不投入到任何事件中去。

通常，说某件事情不应该做比说应该做更简单。以下“不应该做的”事情可能是会做的。

1. 义和团的头头不应该被宽恕。

2. 中方给外方的赔偿不能拖延数年。

3. 满族人的抚恤金不应该继续发。

4. 满族的领土不应该再维持。

5. 清政府领导人应该更换。

6. 不应该再接受上贡的稻米。

7. 海关现在不应该改变。

8. 朝廷的内阁都应该撤销。

9. 妇女不再缠足。

10. 中国人不应该再留长辫子。

11. 基督教不应强加给百姓。

12. 衙门里不允许有牧师和教父。

13. 不应该进口或者制造武器，也不能准许私人拥有。

目前，义和团在离开北京四面八方的 25 到 30 英里的地方训练。所有的头头们都在逍遥法外。庆亲王已经返回北京谋求和平。现在我们怎么办呢？